柏木惠子著

子どもという価値

少子化時代の女性の心理

中公新書
1588

中公新書 1588

柏木惠子著

子どもという価値

少子化時代の女性の心理

中央公論新社刊

はじめに

〝子どもの価値〟!?

大学院のクラスで、次回の講義は「子どもの価値」と予告したとき、何人かの院生たちがとっさにみせた不審そうな表情を鮮明に思い出します。「ええっ！　『子どもの価値』？　そんなのあたりまえじゃない!?」といわんばかりの表情でした。こうした反応は、何も院生に限ったことではないでしょう。この本のタイトルをご覧の方々のなかにも、なんで子どもの価値？　それは当然のこと、と思われる方は少なくないでしょう。なかには、子どもに価値あるか否か、それは何かといった問いは、不謹慎だ、不敬だとさえ思われる方もあるでしょう。このような反応は、専門の研究者の間にも十分ありうるからです。

発達心理学における子どもの位置・価値

私は、心理学のなかでも発達心理学を専攻してきました。発達心理学は、人間の心と行動とが誕生から死にいたる全生涯にわたって、どのように発生し変化してゆくかを扱う領域です。赤ちゃんから、幼児、青年期、おとな、高齢者など、さまざまな時期が研究対象となります。しかし、おとなの心理や行動については心理学の他領域が集中的に研究していますので、おとなになる前、つまり子どもの心や行動が発達研究の中心的な位置を占めてきました。発達心理学という言葉は知らなくても、児童心理学といえばおよその見当はつく、それほど子どもの研究は発達心理学の中核となってきました。

ところで、発達心理学を専攻する人々——研究者も学生も——は、他領域の専攻者に比べて概して子ども好きです。子どものしぐさにかわいらしさと不思議さを発見し、おとなにはない特徴に興味をもつ、そのような興味・関心から、子どもについての研究をと発達心理学を志した人々は、周囲をみわたしても少なくありません。こうした子ども好きな発達心理学専攻者にとって、子どもはいうまでもなく価値ある存在、尊重すべき存在です。子どもの価値は、自明のことと されてきました。

日本の母親は果たして子どもと〝一心同体〟か？

このような認識にたって、子どもが研究され、さらに親や親子関係が、子ども（の発達）に対してどのような影響があるかが研究されてきました。つまり、価値ある尊重すべき子どもにとって親の役割や影響は？　という問題意識です。

このように子どもの価値を自明視する発達心理学のなかで、私は次第に「子どもの価値」をあえて問題とすべきだと考えるようになりました。日本と米国の親子（母子）関係を比較研究する、そこでの議論に触発されてのことでした。日本の母親の子どもに対するしつけや態度について、欧米の母子関係と対比して〝日本のお母さんはやさしい〟〝日本の母と子は一心同体だ〟などとしばしば指摘されたり解釈されます。確かに、行動や態度の上で欧米との差はある、けれどもそれをもって〝日本のお母さんは――〟と一般化してしまえるだろうか？　本当に〝一心同体〟だろうか？　この種の議論のたびに、いつも私がこだわったことでした。さらに、母親と子どもとの絆は絶対だ、なにものにも代え難いものだ、との暗黙の了解にもついてゆけませんでした。

現実の母親は、そう簡単にひとくくりにされてはたまらない、子どもと一心同体というような調和的な関係では必ずしもない、それどころか、時には子どもは自分と対立する存在でさえありうる。このような自分自身の体験から出た仮説は、いろいろな世代の女性たちの子どもへの思いや育児をめぐる迷いや苦しみをつぶさに見聞きするなかで、確信に近いものとなりました。

視点の転換——「子どもにとっての親」から「親にとっての子ども」へ

日本の母親—女性たちの子どもへの感情や子どもとの関係が変化しつつあるという感触を、限られた私的な見聞以上に実証的に確かめたいと、ここ数年来、母親・父親について研究してきました。なかでも、日本の親とりわけ母親たちが現在おかれている状況と関連して、子どもとの関係や母親にとっての子どもの意味がどのような様相をみせるのかに、研究を焦点づけました。その結果、従来いうまでもなく普遍的なものとされてきた母親の子どもへの感情や絆は、決してそうではなく、状況によって変化しつくられるものであることが確かめられました。

このような研究方向は、やがて、それまで発達心理学者も一般の人々も自明としてきた「子どもの価値」を、正面から問うことになってゆきました。従来の「子どもの発達にとっての親」という研究から、「親にとっての子ども」の研究へと、視点を一八〇度、転換することになったのでした。

少子化は女性の心の問題

折りしも一九九〇年、合計特殊出生率（一人の女性が生涯に産む平均子ども数）一・五七ショックが日本中を駆け巡り、少子化問題はにわかに社会的政治的な脚光を浴びることになりました。少子化は国の将来のために憂慮すべきとして、少子化対策の政策がさまざま施行されています。にもかかわらず、出生率は一向に上がる気配なく、さらに低下しつづけています。女性が子どもを産まないことへの懸念やなぜ産まないのかという暗黙の非難のなか、どうしたら子どもを産んでくれるかといわんばかりの育児支援策が打たれています。育児休業の奨励、保育所増、児童手当増額、育児不安の相談等々の施策は、無駄ではないにしても、実効はあまり上がっていません。なぜでしょうか？

少子化、少産という人口上の現象は、女性が子どもを産むことをめぐる心の問題、子どもの価値の変化の問題、さらに現今の結婚や家族のなかでの女性の心の問題です。この認識がそこには欠けているからです。

子どもを「つくる」時代の子どもの価値

子どもを産むことを日常「つくる」というように、子どもの誕生は今や自然現象ではなくなりました。子どもをもつことは女性の選択の一つとなったのです。ところが、子どもを欲しい、つくりたいと思っても、今の日本の社会的状況のなかでは子どもが生まれれば、育てることはもっぱら女性―母親の肩にかかってしまいます。他方、人生は長くなり「母として」だけでは女性は幸せに人生を全うすることはできなくなりました。それは数少ない子どもを育てあげたあと、長い年月が残る、母としてではない人生がいやでも生じるからです。「母」としてではない生き方が必要になってきた、ところが育児の責任を負っている身では子どもや育児以外の人生をと思ってもままならず、限定されたり閉ざされてしまうことになる。こうしたことが、女性に産むことを躊躇させているのです。つまり、女性にとって子どもの意味・価値が変化してきている――子どもは絶対的不問の価値をもつものではなく、相対的なものとなったのです。このような子どもの価値の変化こそが、子どもの数の変化―少子化よりもずっと重要なこと。このことは、ほとんど問題にされていません。

子どもを産むか否かは、女性がどう生きるかとの問いそのもの。少子化という人口上の現象は、すなわち女性の心の問題です。

人口問題への心理学的研究――人口心理学の提案

このように、少子化現象は子どもの価値の変化や女性の生き甲斐といった心の問題の視点から読み解くことができます。これまで心理学とは無縁であった人口問題を、社会変動のなかの女性の心の変化・発達の問題として取り上げることを提案したいと思います。そうすることで、とかく無味乾燥と思われがちな人口データが、実は誰にも関係ある大変身近な問題であることがわかると思います。

この本は、主として子どもを産む―産まないことをめぐる人々の決断、意志、生き甲斐などを通じて、子どもの価値を考えます。しかし、少子化―子どもの価値の問題は、高齢化社会の親子関係の問題、さらに結婚することの意味、家族生活と職業生活の意味など、人口心理学の広い裾野につながっています。そうしたことも取り上げます。

先のクラスでは、院生たちの不審そうな反応に一層触発されて熱心に講義したことでした。『子どもは価値あるもの、それは当然だ』との考えにすっぽり浸っていたことに気付かされた」との反応に手応えを感じました。専門の研究者に対して、専門書や学術雑誌などに論文を発表し、「子どもの価値」は決して自明ではない、今、あえて研究するに値するホットな問題であることを論述してきました。おおかたの理解を得たと思います。

本書は、より広く多くの方々に知ってほしいと願って執筆することにしたものです。

目次

1章　「子どもの価値」展望——子どもの価値の古今東西

1　「子どもの価値」を世界的・歴史的にみる

本書のタイトルをご覧になって、おおかたの読者は「えっ！　子どもの価値⁉」と不審に思われるのではないでしょうか。それは、「万の倉より子は宝」という言葉もある日本の人々のごく自然の反応でしょう。子どもの人権が重視され、多くの子どもたちは家庭で大事にされ、親は子どものためにはできるだけのことをしてやりたいと、考えています。子どもが価値あるのはいうまでもないこと、親が子どもにできるだけのことをしてやる惜しみない愛情、親と子との関係はごく自然、そして当然のこと、子どもの価値などというものは、改めて問うまでもない。こうした考えは、日本人の間ではほとんど常識のようになっているといってよいでしょう。さらに、それは何も日本人に限ったことではなく、人間の親たるものに等しく通じる普遍的なこととさえ、考えられているのではないでしょうか。

普遍的ではない子どもの価値——二つの子どもの価値

けれども、その常識は広く世界を見渡し歴史をさかのぼってみると、必ずしも通用しないことに気付かされます。私たちがあたりまえだ、こういうものだと思っている「子どもの価値」は、実は一つの価値に過ぎず、それとはまったく違ったものが子どもの価値として考えられている事実があるのです。

しばらく前（一九八四年）、世界銀行が二四カ国の人々を対象に、「あなたにとって子どもはどのような満足をもたらしていますか」という質問調査を行いました。子どもが親に対してどのような満足をもたらすかというかたちで、親にとっての子どもの価値を問うたのです。回答は、1経済的・実用的満足（価値）、2精神的満足（価値）のいずれかに分類されました。図1は、経済的・実用的価値を高く認めている国の順に下から配列したものです。

〈経済的・実用的価値〉とは、子どもの労働が親に役立つ、稼いだお金を家計に入れる、といったものです。ごく幼いうちは親が養うけれども、まもなく子どもは働き手となり、その稼ぎで家計を支えてくれる、そういう価値を親は子どもに期待しているというのです。これは、今日の日本の親は想像もしないことでしょう。子どもの稼ぎをあてにするなどとんでもないこと、児童労働はもってのほかとさえ、考えています。子どもは親が養ってやり教育を受けさせるもの、それは経済的にはマイナスでさえある存在です。しかし、親たちはそれをさしたる負担とは思わず、できるだけのことをしてやりたいと思い、実際かなりの教育費を出しています。それは、子どもにまったく別な価値を認めているからです。

それが、ここで〈精神的価値〉とされているものです。家庭が明るくなる、夫婦の絆が強

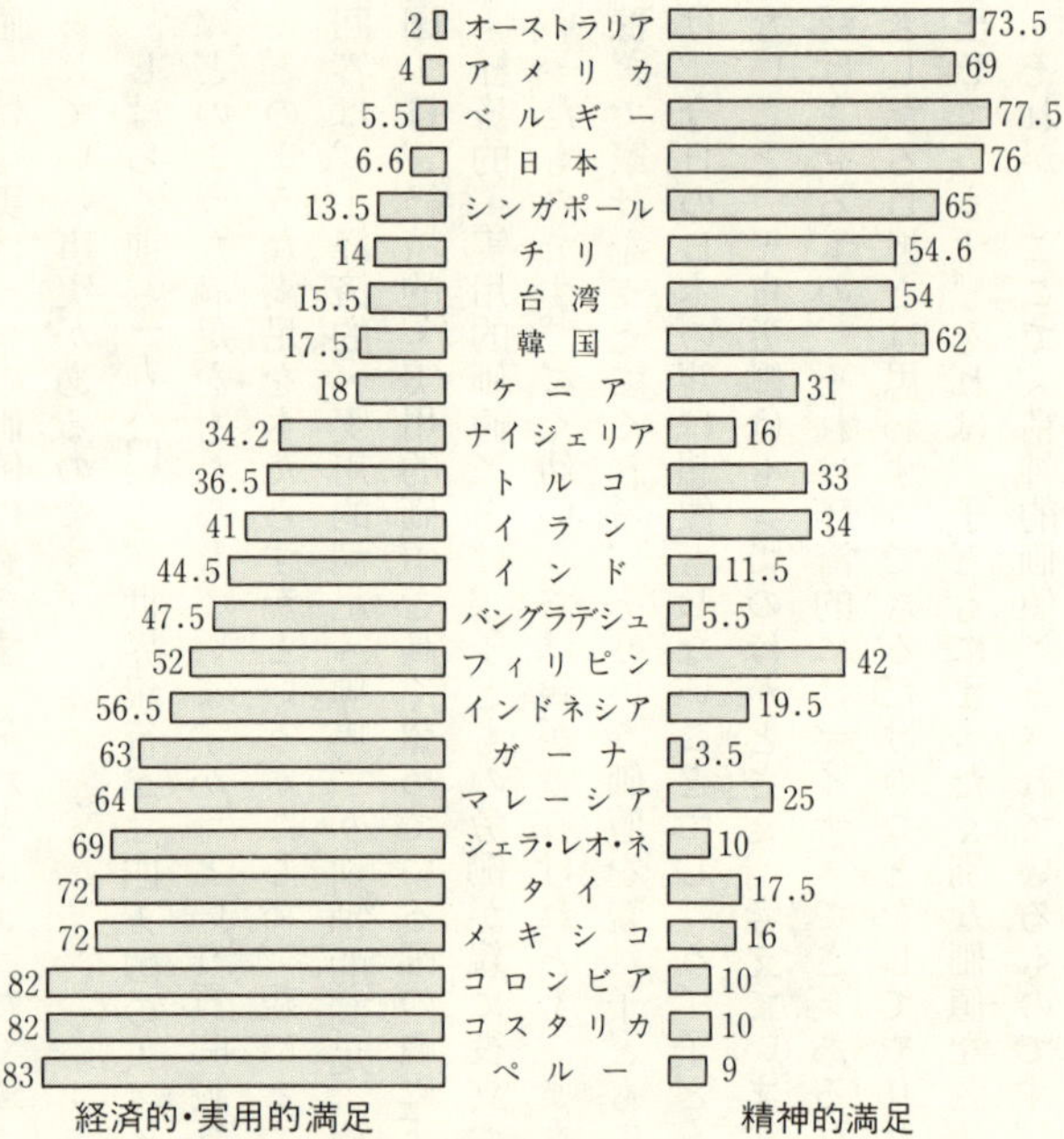

図1　国によって違う子どもの価値（%）
経済的・実用的満足か、精神的満足か　　（世界銀行、1984）

まる、生き甲斐になる、子育てで自分が成長する、などなどです。さきの〈経済的・実用的価値〉とは違って、子どもが親にもたらしてくれるのは、労働力や稼ぎといったモノではなく、こうした精神的心理的な満足感です。

実用的価値 対 精神的価値

さて、図1で経済的・実用的価値が高い方に配列されているのは、ペルー、コスタリカ、コロンビア、メキシコといった国々。他方、経済的・実用的価値は認めず、精神的な価値が高い国は、オーストラリア、アメリカ、ベルギー、そして日本などです。このように、子どもの価値について対照的な違いをみせているのは、一体、なぜでしょうか。何が子どもの価値をわけているのでしょうか。それはひとえに国の工業化の進展度です。そしてそれは国の貧富の度合とつながっています。

まだ工業化が発展途上の国々では、労働はほとんど手仕事で沢山の人手が必要。子どもさえもそれなりの労働力として役立ちます。従って子どもは少しでも働けるようになれば働きに出、その稼ぎは貧しい家に入れ、親はそれを期待し、そこに子どもの価値を認めるということになっているのです。一方、その対極にあるのは、機械化・情報化が進んだ豊かな国々——先進工業国といわれる国々です。そこでは、子どもが社会に役立つ働き手になるには教育が必要です。そして親たちは子どもの稼ぎ、つまり経済的・実用的価値をあてにする必要はなく、高い教育を受けさせることができる豊かな国々です。親たちは子どもがいることや子どもが育つ過程そのものに、心理的満足や喜びを見いだすことになっています。

このように、親たちが子どもに対して期待する価値は、私たちが日頃、自分たちの経験から考えてあたりまえのものでも、すべての人類に共通・普遍のものではないのです。工業化の度合、貧富という、子どもと親がおかれている社会の条件によってまったく違ってくるものです。子どもの価値は決して絶対・普遍のものではない、むしろ社会的状況に依存しそれによって左右されるきわめて相対的なものです。

経済発展度・富と連動する子どもの価値——一九七〇年〈子どもの価値調査〉

一九七〇年代、主としてアジア六カ国を対象に〈子どもの価値調査〉というプロジェクトが人口学者・社会学者によって実施されました。韓国、台湾、日本、アメリカ（ハワイ）、フィリピン、タイが対象国で、それぞれの国で都市部と農村・漁村などの地域が比較検討されています。日本は、東京と茨城、新潟、埼玉の農村部の二〇歳代から四〇歳代の成人男女が、面接で調査を受けています。

その結果のなかから、子どもに対する対照的な価値について六カ国がどのように期待しているかをみましょう（図2）。

一九七〇年代当時は、日本も今日に比べればまだ工業化の度合は低かったのですが、それでもハワイを除くアジア諸国のなかでは、豊かな工業国でありました。この工業化と富の差

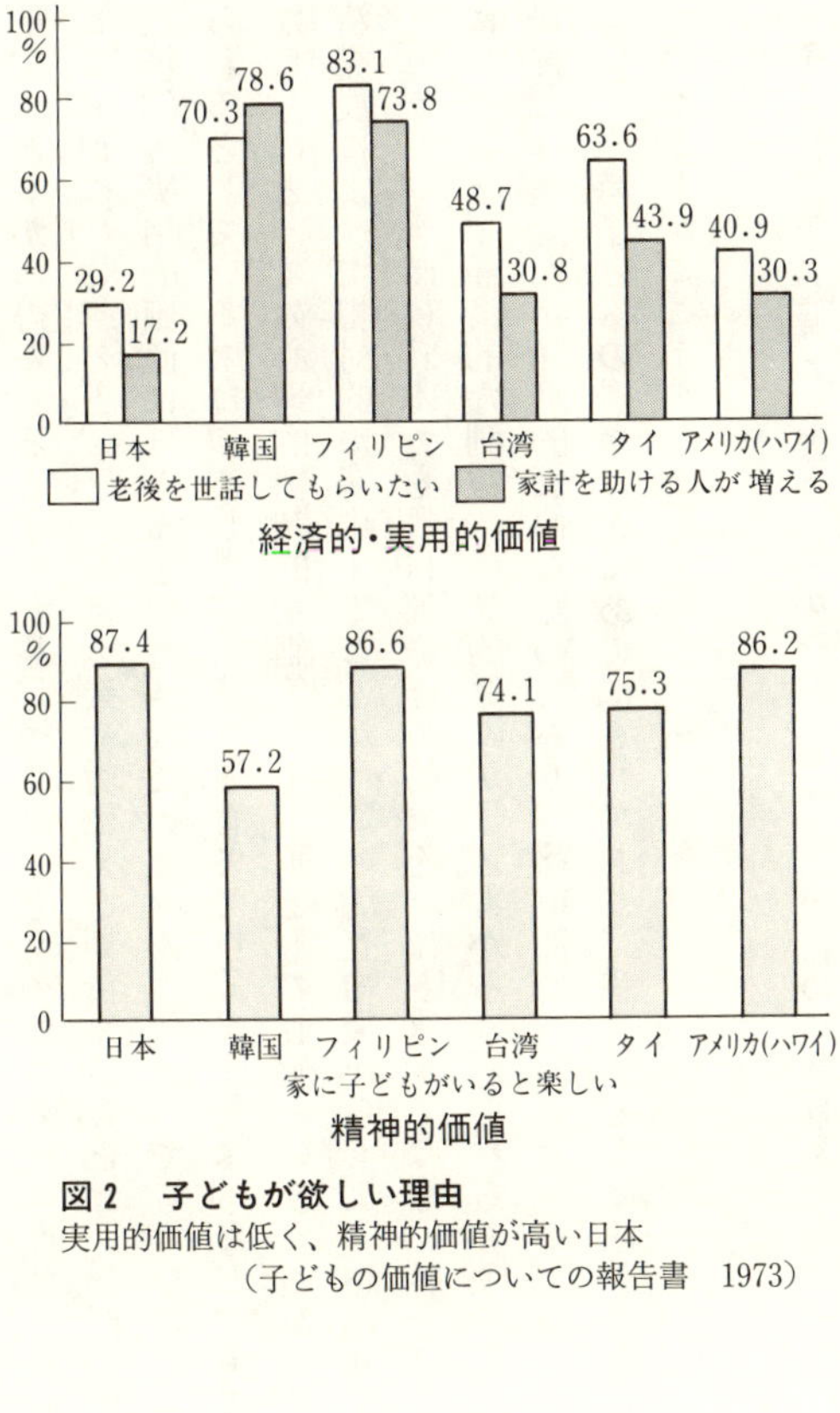

図2　子どもが欲しい理由
実用的価値は低く、精神的価値が高い日本
（子どもの価値についての報告書　1973）

が、子どもから得られるとする利益、つまり子どもの価値の差に歴然と反映しています。日本では他国に比べると、子どもに金銭や労働力を期待することはきわだって少ない、つまり経済的・実用的価値はほとんど期待されていません。代わって日本の親たちが子どもから得られるとしているのは、楽しさ、愛情、子育てで自分が成長するなど、実用や経済には無縁な自分にとっての心理的精神的な価値です。子どもの価値というものが、社会の工業化と経済発展によって相対的に変化することが、この調査結果からもよくわかります。

しかし、当時は日本でも農村部や経済的にそれほど豊かではない層では、都市や豊かな層に比べると、経済的な利益、経済的保障が子どもからは得られるとする率は高いのです。農村部では一九%が経済的価値を認めており、都市部の八%を大きく上回っています。農村部では、当時子どもの働きはまだあてにされており、親は子どもに稼ぎ手としての価値を認めていたことがここからうかがえます。

子ども保険の起源と変遷――「かわいいお子さんのために教育を――」

日本では子どもが誕生すると、多くの家庭でその子どものために保険に加入します。日本全国津々浦々にある郵便局が、地元の強みでいち早く情報をキャッチし、赤ちゃんの誕生した家を訪問して子ども保険の勧誘をする、そしておおかたは契約するとのことです。親たちは子どもの教育には多額のお金がかかるだろうと予想します。けれどもそれをいやとは思わず、むしろそれを早くから準備して子どもに高い教育を受けさせようとするのです。子どもはお金がかかる存在、しかし親はそれを積極的に引き受けているのです。その意味で、子ども保険は日本の親たちの子どもへの愛情の現れともいえるでしょう。

日本で子ども保険が発売されたのは戦後、一九四九年頃。富国生命、第一生命が創設、発売しました。その当時の子ども保険勧誘パンフレットに、「お子さまのために世のお父様、お母様は豊かな愛情を限りなくそそぎます。――お子さまの幸福な将来はなんといっても立派な教育によって約束されます」とあり、「『親がなくても子は育つ』という古い諺は○○生命の子ども保険あってこそ真理になります」と謳われています。親は、かわいい子どもへの愛情のあかしとして子どもへの教育投資は当然と、当時すでに考えられていたことがうかがえます。勧誘のパンフレットには、進路別教育費の詳しい試算資料がつけられており、これを参照して子どもに受けさせたい教育水準に見合った額の保険を契約するように、という仕組みです。

子どもが死んだときの保障としての子ども保険!――賃金保障と葬式代の準備

今日発売されている子ども保険も、セールスの概要はこれとほぼ同様で、子どもの教育資金積立が目的です。

しかし、子ども保険が欧米で始まった当初は、今日の教育資金積立という趣旨とはまったく違ったものでした。何と子どもが死んだときに、子どもが稼いでいたものがなくなってしまって親は痛手だ、それを保険で穴埋めしようという発想で始まりました。ここでは、子どもの経済的・実用的価値がれっきとして認められています。子どもの死亡率が高い時代、子ども保険は子どもの死によって失われる経済的な価値を親に保障するものとして始まったのです。そこで、保険契約額は子どもが得てくる賃金を目安に決められたということです（従って男児の保険の方が高額でした）。子どもの将来の教育資金積立とする今日、どのくらいの教育を受けさせたいか、それに要する学資高が子ども保険契約時の基準になっているのとは大違いです。同じ子ども保険でも、その発想がまったく違うことに驚かされます。

さらに、年月が経つと、子ども保険の目的はまた変わりました。次は、子どもが死んだときの葬式代を準備するという趣旨になったのです。以前は、子どもが死んでもさしたる葬式もしなかったのが、次第に子どもの死に対しても教会で葬式をするようになっていきました。しかし、それには結構お金がかかる、それをあらかじめ用意するというのです。これも、子どもの死亡率が高かった時代、また親が貧しかった時代を如実に反映しています。しかし、おとなと同様、葬式をしてやるようになったことは、子どもの死を粗末にしない、子どもの

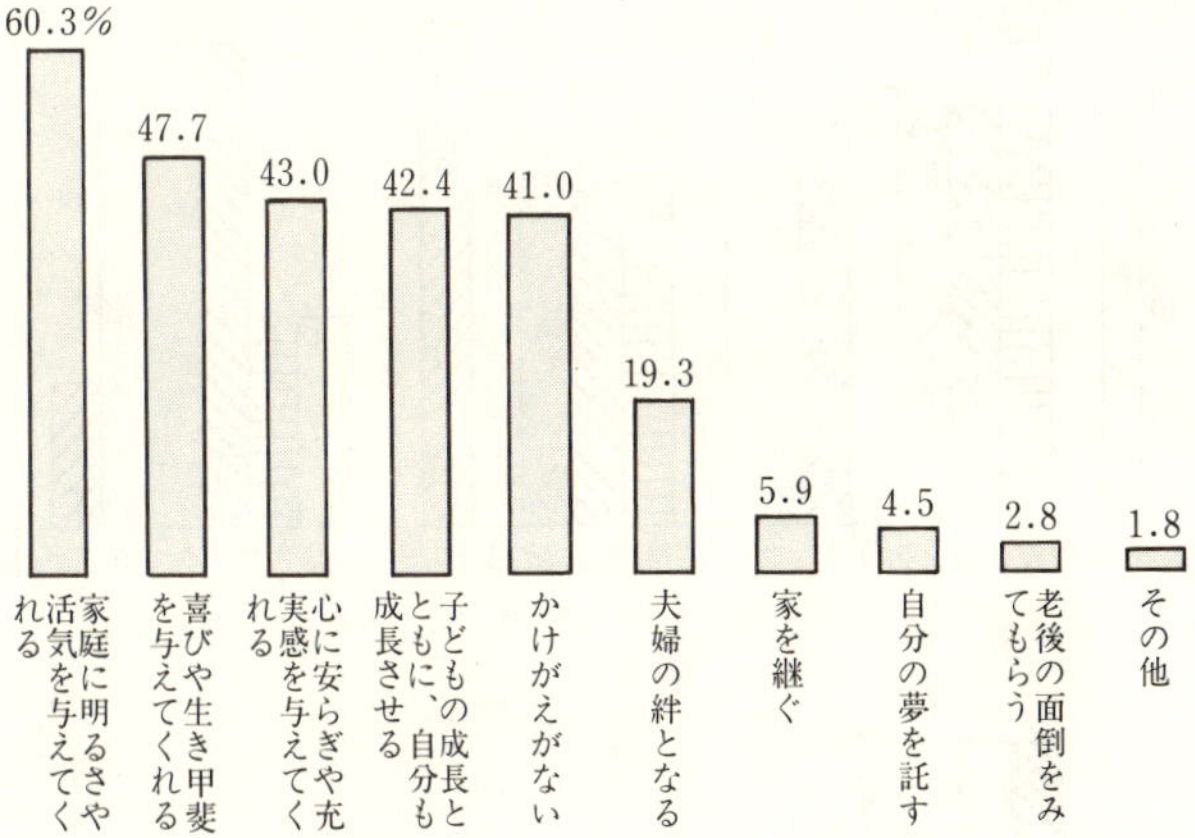

図3 「あなたの家庭で子どもの存在はどのようなものですか」(%)
(総理府、1993)

命がそれ以前よりも尊重されるようになった一つのあかしでしょう。

このように、子ども保険の変遷にも、親にとっての子どもの価値が時代によって大きく異なり、変化してきたことがみてとれます。

2 日本人にとっての「子どもの価値」とは?

工業化が進展した豊かな日本では、子どもに対して期待するのは経済的・実用的価値ではまったくなく、精神的価値であることをみてきました。では、この精神的価値とは、具体的にどのようなものでしょうか。

「あなたの家庭で子どもの存在はどのようなものですか」の問いに対して親たちが挙げた答えを、高いものの順に示したのが図3です。

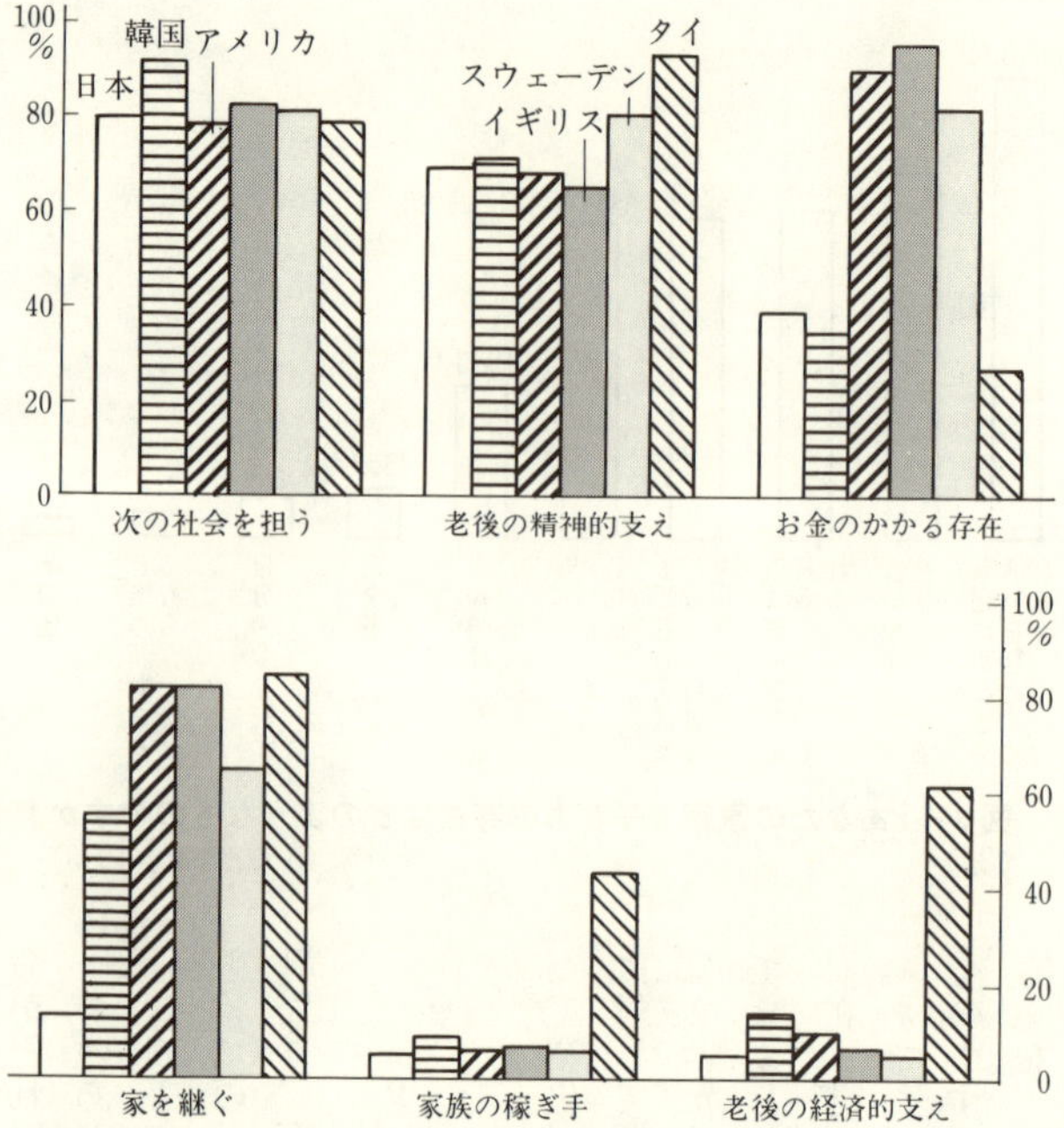

図 4　子どもとはどのような存在か—六カ国比較

（日本女子教育会、1995）

子どもは、明るさ、活気、喜び、安らぎなど肯定的な気持ちを親に抱かせてくれる存在、それらが精神的な価値の主な内容です。精神的・心理的価値は、日本に限らず工業化の進んだ豊かな国々に共通するものであることは、先に世界銀行のデータでみました。しかし、これをもう少し詳しくみますと、同じ先進工業国でもどのような面が大きく期待されているかにはやや違いがみられます。

六カ国の親を対象に「子どもとはどのような存在か」を、「次の社会を担う」「老後の精神的支え」「お金のかかる存在」「家を継ぐ」「家族の稼ぎ手」「老後の経済的支え」の六項目について国際比較した調査が一九九五年、行われました。図4は、その結果のまとめです。

一見して、国による差があることがわかります。日本は他の工業国と比べてどのような特徴があるでしょうか？「家を継ぐ」が六カ国中極端に少ないこと（図5－1）、「お金のかかる存在」とはそれほど考えられていないこと（図5－2）、子どもの稼ぎや老後の経済支援は期待していないが「老後の精神的支え」は高く期待されていること（図5－3）などが、日本に顕著な特徴です。

この調査では、いわゆる精神的価値としては、老後の精神的支えだけしか取り上げられていませんが、これはすべての国で高く期待されています。その限りでは、この種の精神的価値は、今や国を超えて普遍的に子どもに期待される価値といえるかもしれません。タイだけでは、同時に親の老後の経済的な支えもかなり高く期待されていますが、他国ではそれはほとんどありません。とりわけ先進工業諸国では、子どもには経済的価値はもはや期待しない、できない存在となっているのが現状です。それどころか、日本を除くアメリカ、イギリス、スウェーデンなど欧米工業国では、子どもは「お金のかかる存在」とさえみなされています。つまり、子どもの価値は経済的にはマイナスだというのです。ここでは子どもは、実用的価

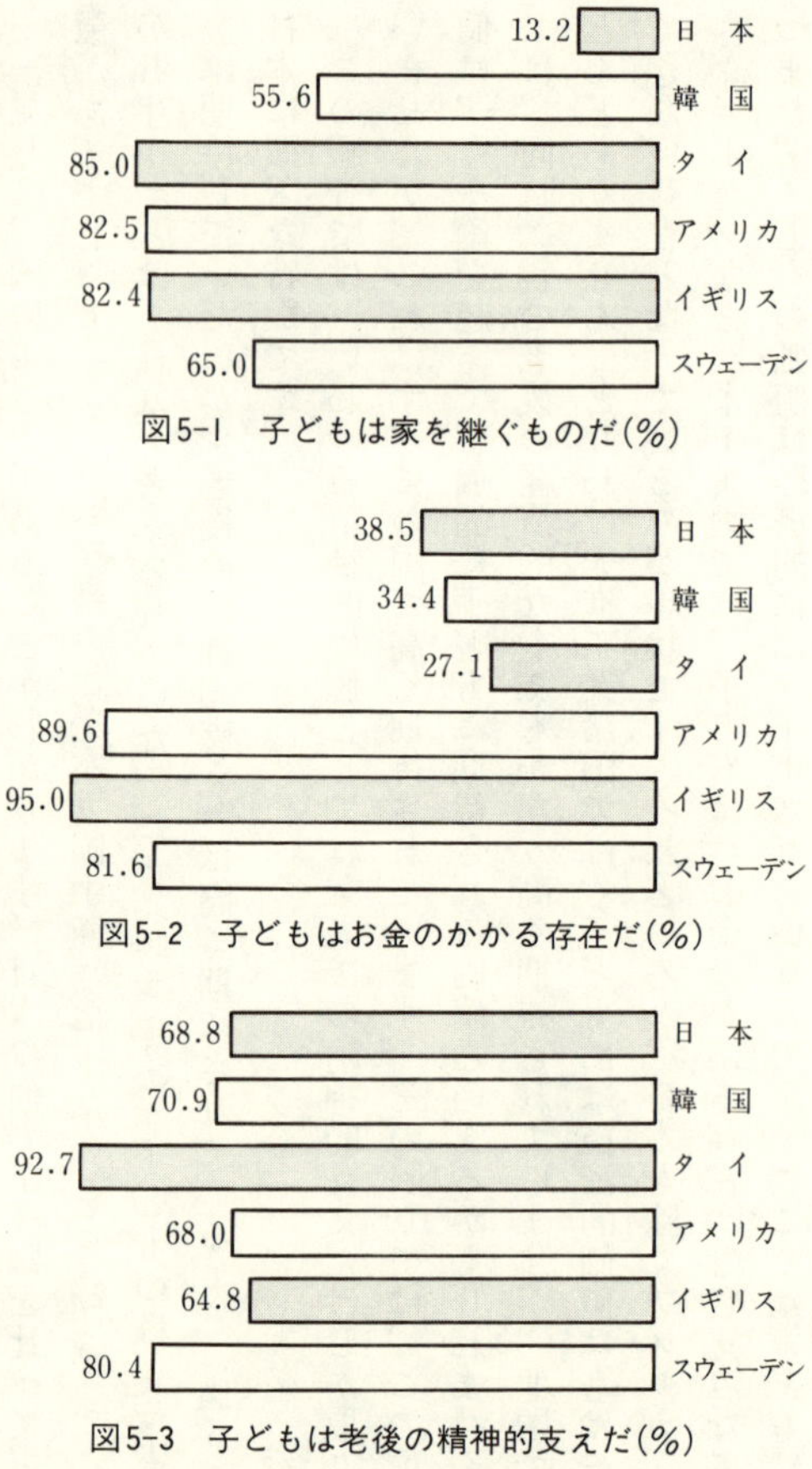

図5-1　子どもは家を継ぐものだ(%)

図5-2　子どもはお金のかかる存在だ(%)

図5-3　子どもは老後の精神的支えだ(%)

図5　日本の親の子どもへの期待の特徴

（日本女子教育会、1995）

値や経済的価値をもつ生産財ではない、それどころか消費財、しかもお金のかかる消費財とみなされているといえるでしょう。

ところが、同じ工業国でありながら日本の人々は、子どもを「お金のかかる存在」とはみていません。この点では、タイや韓国と同様ですから、これはアジアの特徴なのかもしれません。子ども保険で、「子どもに望む教育を与えるのは親の愛情であり、喜び」という趣旨のことが謳われていますが、このキャッチフレーズがちゃんと通用しています。日本の親たちは、他の先進諸国のように子どもの教育にかかる経済的負担をマイナスとは思わない、むしろ親として当然のこととして先行投資しているのです。それは喜びだとさえみているのでしょう。現実には、子どもへの教育が重視され、教育投資を負担だとする国々に劣らない教育費を親は負担しているのに——。

子ども観の東西——子どもは「かみのうち」の日本

日本の社会では、古くから子どもはなにものにもまさる宝だと考えられてきました。万葉集にある山上憶良の短歌「銀《しろかね》も金《くがね》も玉も何せむにまされる宝、子にしかめやも」は、しばしば共感をもって人々が口にします。また民俗学は「七歳まではかみのうち」という言葉が流布しているとも指摘しています。このような言説にみられる子どもは尊いものとして大事にする子宝思想は、時が移り社会が変化しても日本人の心の底流に受け継がれているのでしょう。それが、今日の子どもの存在をどうみるかにも反映され、宝である子どもへの経済的投資は惜しくない、むしろ当然の喜びとさえみることになっているのかもしれません。

欧米では、キリスト教が子どもは原罪をもって生まれてくるとしています。いわば性悪説に立った子ども観が特徴で、前述の日本とは対照的です。また、ひとりひとりを独立した個人とみる欧米の人間観も、幼い子どもといえども親とは別個な人格をもった存在としてみることにさせます。そうした立場からは、子どもの存在は自分にとってプラス面の価値だけではなく、マイナスの意味ももつことを客観的に認めることになるのでしょう。

こうした東西の子ども観・人間観の違いは、家族のあり方にも反映しています。日本は子どもが誕生しますと、夫と妻は夫婦関係よりも子ども中心の生活を優先するようになります。子ども本位に献立が決まり、夫婦の寝室に子どもも一緒に寝る、時には母子は同室で夫は別室に寝ることさえあるといった具合の、子ども中心家族です。これは、子どもをおいて夫婦が一緒に外出したり、食事も寝室も子どもはおとなとは別という、欧米の夫婦中心家族とは対照的です。日本と欧米とは、高度に工業化が進展した豊かな社会であり教育水準が高い点では同じです。しかし、子ども観・人間観には伝統的に違いがある、それが子どもと親との関係のもち方や教育投資への態度などに違いをもたらしていると考えられます。

3　子どものジェンダー——性によっても異なる子どもの価値

親にとっての子どもの価値は決して普遍的に共通するものでもない、一定のものでもない、むしろ国により時代によりさらに社会の子ども観・人間観によって異なり、変化することをみてきました。ところで、これまで「子ども」と、性別を問わずに述べてきましたが、実は子どもは性によってもその価値に差があるのです。男児と女児は親にとっても社会にとってもその価値は決して等しいものではありません。状況によって、一方の性が他方の性よりも高い価値をもつことになるのです。

ジェンダー問題は、子どもにも、です。

女児の価値が高まってきた日本――かつての男児尊重が崩れた

今から三〇年ほど前、小学校のクラスできょうだい調査をしたことがあります。当時もすでにきょうだいは二人が大勢でしたが、その内訳をみますと、姉と妹という組み合わせ、つまり二人とも女児というのが極端に少なかったのです。兄と弟、兄と妹、姉と弟の二人きょうだいは、ほぼ同数いるのに、です。これは一体、なぜなのでしょうか？

一言でいえば、男の子がどうしても欲しい、男児の方が価値ありとされていたからです。二人とも女児の場合、どうしても男児が欲しいともう一人産むことになる。その結果、うまく男児が生まれる場合もあれば、また女児で結局三姉妹ということになることもあるのです

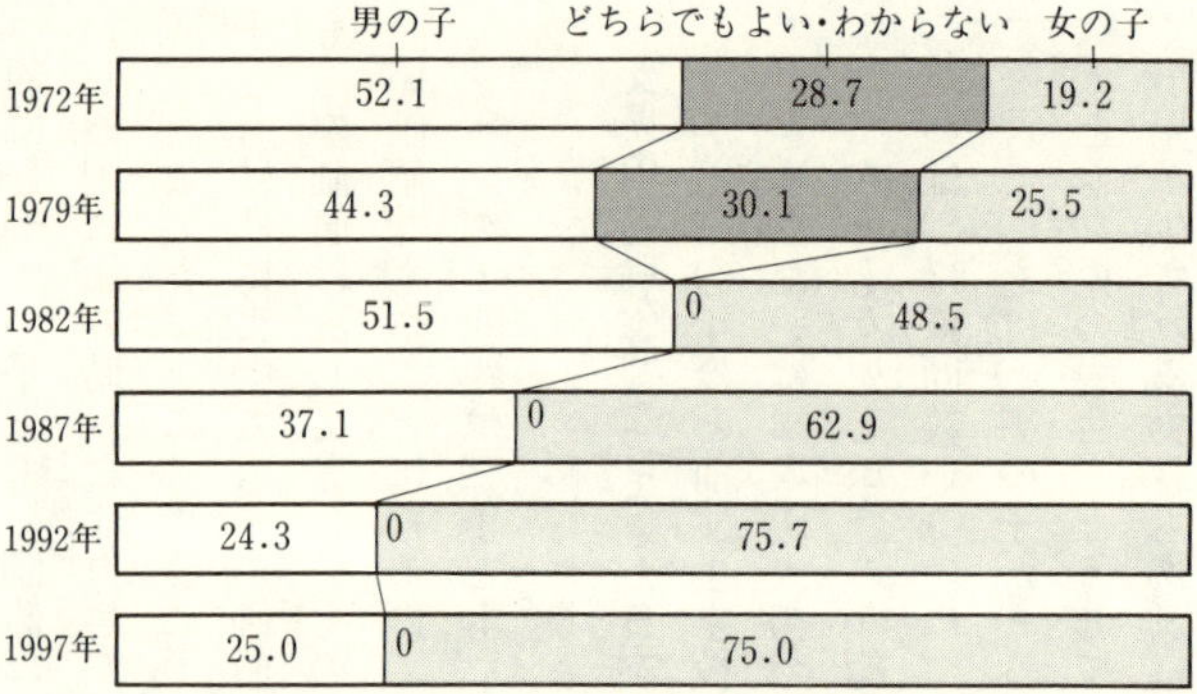

図6　男児と女児、どちらを望むかの推移（%）

（厚生省、1998）

が――。いずれにしろ、女児だけでは満足せず、ぜひ男児をと望む結果が、こうしたきょうだいの組み合わせの不均等をもたらしていたのでした。

ある高名な女性画家の伝記に次のような逸話がありました。その父親は娘が二人続いた後、妻が妊娠するとたいそう喜び、三人目の誕生を待ち焦がれていました。ところが、生まれたのがまた女の子だと聞いたとたん、寝込んでしまったということです。その三人姉妹の長子が、伝記の主人公の女性画家、いわさきちひろです。

このような男児願望の時代がしばらく続いた後、ここ二〇年ほど前から変化が起こってきました。男児よりも女児の方が望まれるようになってきました。男児よりも女児の方が価値大、となったのです（図6）。男児第一子が女の子なら、もうそれでいい、一人産むならぜひ女児を、というのです。

これは一体、どうしてでしょうか？

親が子どもの働きや稼ぎをあてにしなければならない社会とは、まだ工業化が進んでいませんから、労働は肉体労働が主です。そうなると、なんといっても体力・筋力のまさる男の方がずっと高い賃金を稼ぎます。つまり、稼ぎ手としてより有能な男児の方が、親にとって価値があることになるのです。

日本ではこの種の経済的価値を子どもに期待することは、もうとうになくなっており、家庭が明るくなる、絆が強まる、など精神的価値を期待するようになっています。この種の精神的心理的な価値なら、一見、子どもが男の子だろうが女の子だろうが変わりがないようにみえます。しかし、親は子どもの価値というものを、子どもが生まれた当初だけではなく、もっと長期的に子どもが先々自分にどのように役立つか、という見地からも考えます。

親と子の間の資源投資が還流する——人類に固有の老親扶養

そもそも人類の親が子どもを育てるという営みは、他の動物に比して長期にわたるものです。単に一人で食事ができる、一人で歩ける、服の脱ぎ着ができるなどで育児はおしまいとはなりません。行儀、言葉遣い、道徳などのしつけも必要です。さらに工業国では、高等教育が必要とされ、教育期間はどんどん長くなりました。この間、親は子どもの養育と教育に自分の心身のエネルギーや経済資源などをかなりの量、投資します。子どもが一人前になった後も、親と子は動物のように完全に分離してしまわず、他人とは違った特別親しい関係をもちつづけます。

こうして時が経ち親が高齢となり心身が衰えてきますと、今度は、子どもの方がなにくれとなく親の面倒をみるものです。子どもが成人するまでは、親の方が自分の資源を子どもに投資する、つまり資源は親から子へと流れていました。それが今度は、子どもの方からその資源が親へと還流することになるのです。このような親と子の間で資源の授受・還流が起こるのは、動物にはない人間だけに独自なことです。

このように資源の還流がありうる人類では、親は子どもが自分の老後にどのように役立つかについても考え暗黙の期待を抱きます。これは今も昔も変わりがありません。長期的にみた子どもの価値といえるでしょう。最近の日本では、急激に高齢化が進み、誰もが自分もかなりの年齢まで生きて高齢者になり、心身弱ってゆくだろうと予想されるようになりました。それだけに、確実にやってくる自分の老後に、子どもが一体どのような役割を果たしてくれるか、何が期待できるかということは、かつてないほど切実な関心事となってきました。

なぜ女児の価値が男児の価値を上回ったのか

そのような老後における子どもの価値という点からみると、子どもは性別によって差があります。戦前は、長男が家を継ぎ親の面倒をみる制度がありその慣習も定着していました。この場合は、男児がいれば親は老後が安心でした。男児がいない場合には、娘にむこや養子をとって家を継がせ、老後扶養を任せたものでした。こうして男児の価値は断然高かったのです。

それが戦後、親の扶養責任は長男や男児に限らず、子どもが等しく責任をもつように改められました。制度は変化しても、実際はそう急には変わらず、やはり長男に、いずれ他家に嫁ぐ娘よりも息子にとの期待は、しばらく続いていました。三〇年余前、ぜひ男児をと望む結果、女児二人のきょうだいが少なかったのは、そうした名残が当時、まだあったことを物語るものでしょう。

それが、ここ二〇年来、急激に男児よりも女児と、価値が逆転しました。農村など地方では今でも男児願望はみられますが、都市では女児願望は顕著です。

男児より女児の価値が高くなった理由は、こうです。親には子に相続させる財産も家業もなくなりました。子どもはサラリーマンとなり、せいぜい妻子を養うのに精いっぱい、親への経済的な支援を子どもに期待することは、もはやできなくなりました。だからといって、長期的な子どもの価値がない、まったく何も期待しないか、というと、そうではありません。

せめて精神的な面で老後に支えてほしいと、親は子どもに望むようになりました。

この点からみると、息子よりも娘の方がなにかと有用です。息子は結婚するとあまり親のところに寄り付かなくなる、それに比べて娘は結婚後も頻繁にやってくるし、来れば話し相手になる、一緒に料理や買い物をする、なにくれとなく手伝ってくれるなど、密度の濃い交流があるものです。このように、親が子どもから得られるものが、娘からの方が大きくなったのです。

女児願望が強くなったことには、もう一つ、子どものために親が要する心身エネルギーや経済資源が、男児よりも女児の方が少なくて済むという事情があります。男の子には女の子より高い教育を受けさせるのが通例で、それだけ余計、学資がいります。子育ても、女児は男児よりも概して手がかからず育てやすいものです。そのためでしょう、育児不安は女児の親よりも男児の親の方が概して強いですし、育児や発達相談に来るのも男児の親の方が多いのが現状です。このように、男児の方が親にとって物心の負担が大きいのです。それでも男児の方が親の老後に役立つなら、つまり長期的な価値が高ければ、その負担は帳消しになるでしょう。しかし、それが息子にはもう期待できなくなった昨今、かける資源はより少なくて済み、しかも老後、親の力になる娘――女児の価値がクローズアップしてきたのです。

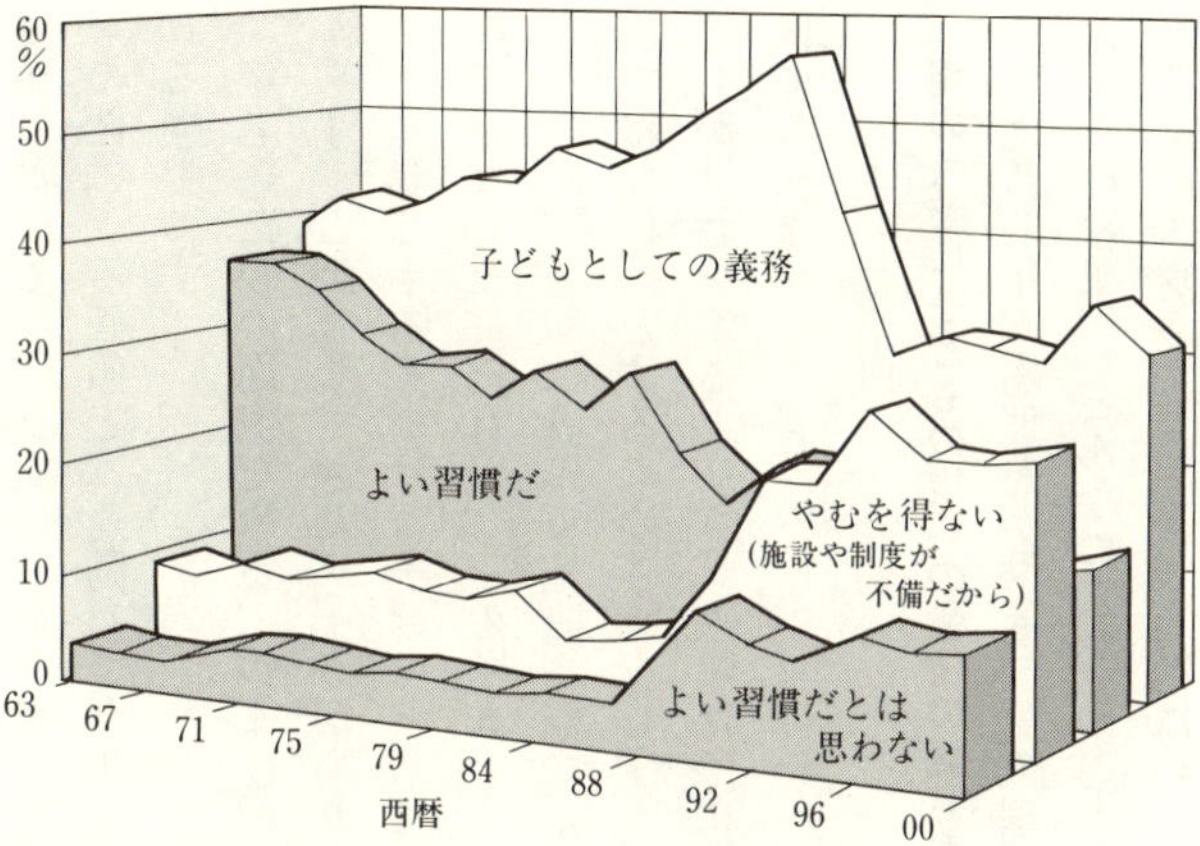

図7　「老親の面倒をみること」をどう思うか？
（毎日新聞社人口問題調査会、2000）

失われつつある老親扶養の〝美徳〟

子どもの価値にも性による差がある事情を考えると、親というものは、子どもに対して決して公平でも無私でもないといえるでしょう。子どもの価値が性によって差があるのは、何も日本に限ったことではありません。社会の変化に応じて、男児、女児どちらに価値があるかは確実に変化するのが常です。

農業や家内手工業が後退して生産は工場や会社でされるようになりますと、人々の多くは雇用労働者になります。すると、もはや継がせるべき財産も家業もなくなり、かつて相続と引き換えに引き受けていた親の扶養は、子どもの責任として負いきれなくなってゆきます。同時に、工業化の進展は機械化・情報化をもたらし、労働力としての男児の実用的価値は消失して、女児の価値が相対的に増大していきます。このように、社会の変化と子どもの性による価値とは連動して変化します。この事情は、日本に限らず多くの国々にもみられる趨勢です。

年老いた親の面倒をみる、つまり親の扶養を日本人がどのように考えるかについて、戦後からずっと調査してきたデータがあります（図7）。

一九七五年頃までは、子どもとして当然のこと、それはよい習慣だとする意見が大勢を占めていました。それが、その頃をピークに、それ以後急激に変化しました。代わって増えてきたのが、老親扶養は「施設や制度が不備だからやむを得ない」という意見です。「よい習慣ではない」とするものさえ少しずつ増えてきています。これをみる限り、年老いた親を子どもが世話をするという、人類だけにある親子関係が、日本では今、もろくも崩れそうな有様にみえます。

親の扶養は子どもの親への愛情の発露か？

一九八八年、総理府が世界一一カ国の青年を対象に老親扶養についての意見を調査しました。その結果、「どんなことをしてでも親を養う」との回答は、日本の青年では他国に比して低く、スウェーデンの一七％についで二五％でした。ちなみに韓国では六九％、アメリカ

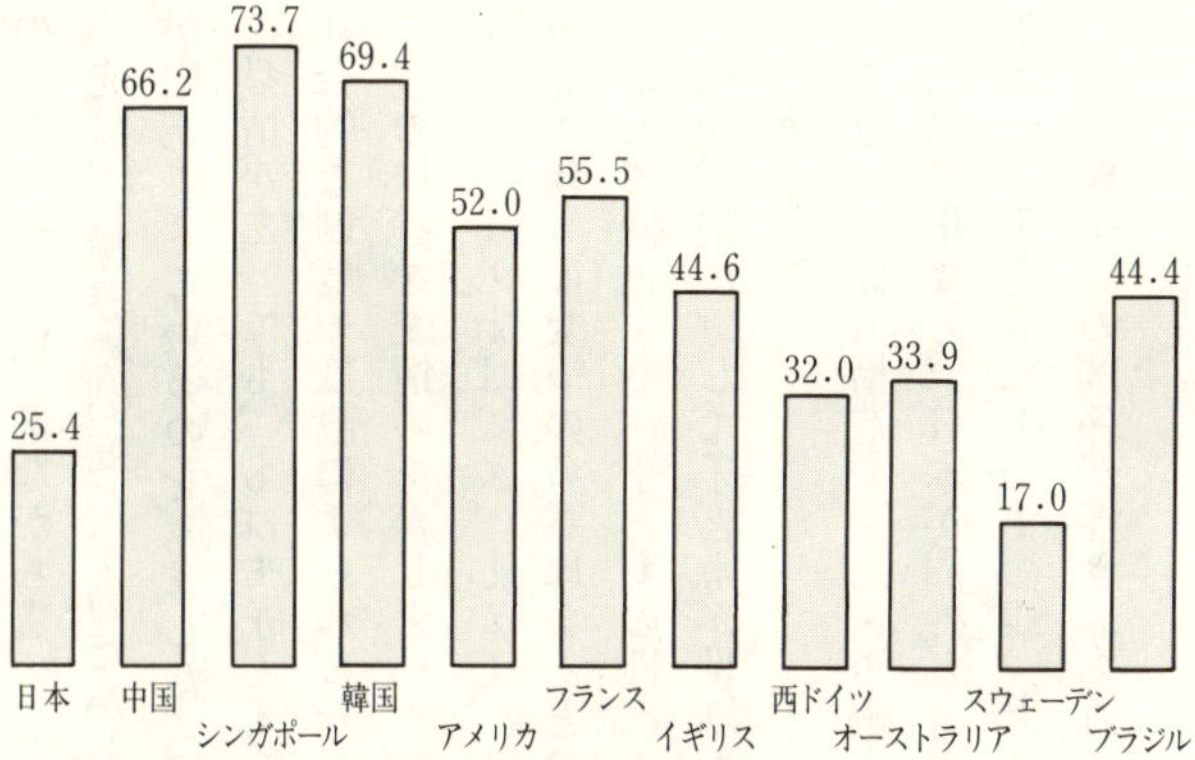

図8 「どんなことをしてでも親を養う」という青年(%)
＊調査対象は、各国とも18歳から24歳までの青年男女
(総務庁、1988より)

が五二%、イギリスが四五%でした(図8)。

この結果を紹介した当時の新聞に、「日本の若者から親孝行の美徳が失われた」といった慨嘆口調の論評があったと記憶しています。確かにかつてとは大変わりですが、これを「近ごろの青年は!」と単純に責めることはできないでしょう。これらの国々のなかで、日本は飛び抜けて急速に高齢化が進んだ国です。そのことは、子どもたちに老親扶養が長期化する可能性を予想させることになりました。親が老いてゆくのと同時に、自分も年をとり体力も経済力もなくなってゆくことも、確実に予想できます。加えて、きょうだいはせいぜい二人と少ないのですから、子どもたちが交代や共同で親の面倒をみることにも限度があるのが実情です。日本の青年の回答は、このような厳しい現実をふまえてのものとみれば、あながち責めることはできないでしょう。

先に、「施設や制度が不備だから（子どもが親の面倒をみるのは）やむを得ない」との意見が増えてきているのをみました（図7）。高齢化と少子化が進んだ状況下では、いかに親への愛情があっても、もはや子どもや家族で面倒をみることは難しくなったという現実認識が、社会的な制度や施設によらねばならないとの意見に傾かせているのでしょう。

親の扶養を愛情のあかしというなら、その限りで日本人の親への心理・愛情は変化したといえるかもしれません。しかし、前述のように、親の老後に子どもが扶養をするか否かは、単純に親への愛情の多寡によるとはいえません。親にとっての子どもの価値が、社会的状況によって変化する、子どもの性によってさえ違うことを先にみてきましたが、子どもにとっての親、親に対して子どもが世話をする行為も、状況によって大きく左右され、変化するものです。

それは、経済構造や雇用・労働などの変化、高齢化と少子化という人口動態上の変化、さらに国際化など、日本が内外ともに直面している激動しつつある社会的状況に促されての変化です。子どもにとっての親、とりわけ老親への子どもからの資源の還流という、人間だけにある親子間の関係が揺さぶられ変化しつつある今、その転換期にあるのです。

2章　人類初の人口革命——子どもの命と親の愛情の変質

1 「少子・高齢化」は本当に問題か？

人類の悲願〝長寿〟は達成されたが――

ここ一〇年来、少子化、少子化としきりにいわれます。「少子・高齢化社会」が慣用句のように使われ、この二つは日本社会が初めて遭遇した人口問題、そして、解決すべき課題であるといった論調で語られています。

しかし「少子・高齢化」は、果たして人類初の体験でしょうか？　また、それは本当に問題でしょうか？　問題だとすれば、どのような問題でしょうか？

高齢化つまり寿命が長くなったこと、これは史上最高の水準に達しており、人類初めての体験です。日本人の平均寿命は男女とも世界一ですから、その意味で日本人はまさに人類初体験の最中といえましょう。

思えば、人類は古今東西を問わず、長生きすることをずっと願いつづけてきました。養老の滝の類の伝説が処々にあり、不老不死の効ありとの珍しい果物や薬を求めて旅する、それを献上する、といった類の話も世界各地に伝わっています。ここには、人類がいかに長命を渇望していたか、その悲願のほどがうかがえます。「長寿」という言葉に端的に示されているように、早死することなく長く生きることができることは、喜ばしい幸せなこととされてきたのでした。

その〝長寿〟が今や達成できた、人類の長年の悲願が叶った初めての体験です。それだけに、増加した高齢者のために解決しなければならない課題に直面しています。介護をはじめ、住宅や道路、交通機関などのバリアフリー化など、課題は多々あります。急激に進んだ高齢化に人の心も制度や施設もうまく対処しきれず、課題は山積みの状況。決して長「寿」とはいえないことが、今、手にした長命を前に実感されています。その意味で、高齢化は今のところ問題多々といえるでしょう。

少子化という人口問題の意味

他方、もう一つの人口現象、少子化の方はどうでしょうか。

世界的にみれば、最大の人口問題は人口爆発——必要な食料や住居の供給など地球の扶養能力をはるかに超える人口増です。日本の人口問題はそれとはまったく対照的で、出生率が低下し人口減が予想される少子化、それが問題とされているのです。

今から一二年前（一九八九年）、合計特殊出生率が一・五七となったと発表されたとき、にわかに少子化が問題だとして浮上してきました。この数値は二・二を下回れば人口減になる

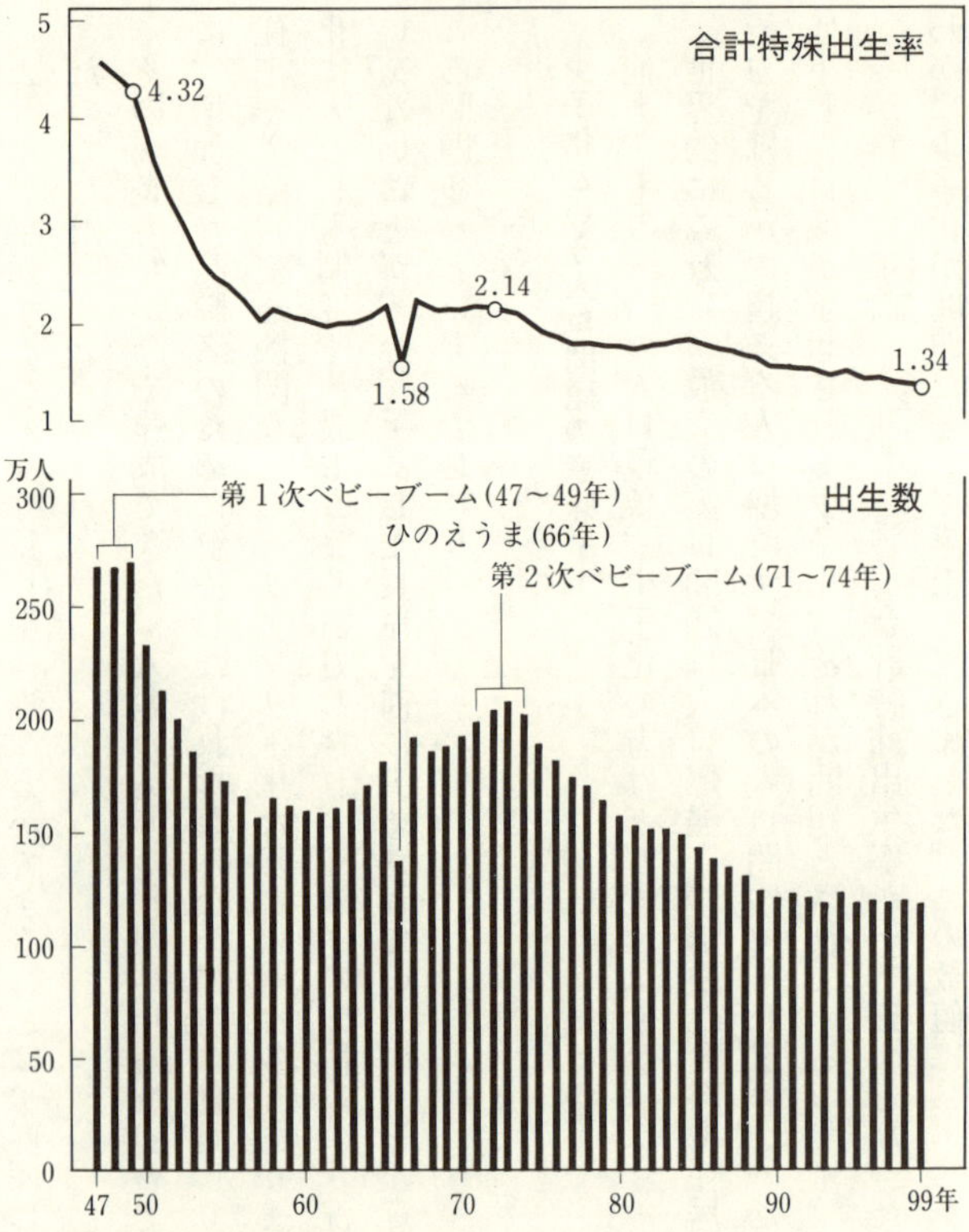

図9　合計特殊出生率の推移

（厚生省、1999）

ものですが、それ以前からすでに二以下だったのですから、なぜこの一・五七で急に騒がれることになったのか、ちょっと不可解です。それはともかくとして、この一・五七ショック以降、さまざまな政策が試みられながら、この数値は下がりつづけ、最新の一九九九年度の統計では一・三四です。これは、かねて国が推計予測していた数値を下回っています（図9）。

このように、確かに出生率は低下しています。しかし、一体、なぜ少子化は大騒ぎされるのでしょうか？　それは、どう問題なのでしょうか？

労働力や年金を危うくするという労働経済的観点からの議論。もっと漠然と、子どもが少ない社会は活気がない、沈滞してしまう、国の存亡に関わる、といった懸念の声などなど。本当にそうでしょうか（国土や資源が限られている日本では人口増は望ましくない、高齢者や女性がそれぞれに応じたかたちで働くことで対処しうる、など、少子化への評価や解決案がさまざま出されてもいます。こうした議論は本書の目的でも著者の専門でもありませんから、深入りしませんが――）。こうした悲観論や懸念は、いってみればおとなの側、社会や国からのものですが、それとは別に、子どもにとっても問題だとの意見もあります。家庭でも学校や地域でも子どもが少ない、それは子どもの成長・発達に問題だといった指摘です。それは一部あたっていますが、それよりももっと重要な問題があります。

初めてではない少子の時代

「少子化」というと、子どもが少なくなった、きょうだい数が減った、女性が子どもを産まなくなった、というふうに受け取られます。しかし、これは必ずしも正確ではありません。結婚して子どものいる家庭に限っていえば、子ども数の平均はここ二〇年来、約二・二人と変わっておらず、決して減ってはいません。その意味では、女性が子どもを産まなくなったとの非難めいた意見は正しくありません。近年、結婚しない人、あるいは結婚を遅らせている人、子どもを産むのを遅らせている人などが、以前よりも増えました。その結果、子どもを産まないケースや子どもの数を減らすケースが増え、それが全体としての出生率を下げることになってきているのです。

数の減少より意味深長な子どもの命の質の変化

ここで忘れてはならないのは、一家に子どもが二〜三人というのは何も今に始まったことではないことです。二〜三人を少子というなら、少子の時代はかつていくらもあったのです。今から二〇〇年余前、オーストリアの音楽家モーツァルトは、九年という短い結婚生活を送りました。当時としては晩婚で、しかも早死したからです。彼の死後、奥さんのコンスタンツェには二人の子どもが残されその二人を育てました。ところで、モーツァルト夫妻は九年間の結婚生活の間に六人の子どもをもうけましたが、そのうちの四人はごく幼少時に死んでしまい、結局、手元で育てた子どもは二人だったのです。このことは、何もモーツァルト家だけの特別なことではありません。当時はどの家でも、生まれた子どものうち育つのは一部、少数の子どもだったのです。子どもは大抵二人きょうだい、親は二人の子どもを育てる、これは今日の平均子ども数とほぼ等しいものです。その意味で、この時代もすでに少子の時代だったといえるでしょう。少子という状況は、決して初めてのことではないのです。

しかし、ここで注目すべきことがあります。子どもが少ないという事実は、モーツァルト家と今の日本の家庭とは同じです。けれども、なぜ少ないのか――少子をもたらしている背景が、かつての時代と今日とでは決定的に変化してしまっていることです。そのことこそ、重要な点です。

それは、一言でいえば子どもの命がどう決まるかの違いです。コンスタンツェは結婚したとき、子どもを六人欲しいなどと思ったのではないでしょう。何人欲しいなどと考えるいとまもなく、子どもは次々と生まれてきたのです。結婚し夫婦生活をもった結果、妻は妊娠し子どもが生まれる、この一連のことを自然、当然と受け止めていたのでした。それは、コンスタンツェだけではなく当時の人々は皆そうでした。〈結婚―性―生殖〉は、いわば三位一体のように不可分に結びついたものでした。そして生まれてきた子どものうち何人かは、親のなすべもなく幼い命を落としてしまう。生まれてくることも死んでしまうこともいずれにおいても、子どもの命は、親の手の届かないところにあったのでした。子どもの命は、親や人間の意志や力を超えたもの、神様の思し召しと力とで決められる、いわば運命として受け入れざるを得なかった時代でした。子どもは、人間を超えた存在から授かるものであったといえるでしょう。

子どもの命をどうみるか――「授かる」から「つくる」へ

今日、状況は一変しました。コンスタンツェと同じく二人の子どもをもっている今の親たちは、ほとんどが自然現象としてそうなったとはみていないでしょう。事実、そうではありません。子どもは二人欲しい、二人でいい、二人にする、こういった親の意志と計画が、現在の子ども数となっているのが、おおかたの事情です。つまり、「子どもが生まれてくる」という自然の営みとしてよりも、「子どもを産む」という人間（親）の側の意志・決断の結果としての子どもとなったのです。

このことは、子どもをもつことを人々が日常どのような言葉で語るかに端的に現れています。もっとも頻繁に使われるのは、子どもを「つくる」です。「そろそろ子どもをつくろうか――」「子どもをつくるにはまだ――」「子どもをつくりたいが――」といった類の会話は、よく耳にするところです。ここでは、子どもは結婚―性―生殖という自然・当然の結果とは考えられていません。親が決断しての結果として子どもがある、そういったニュアンスがあります。実際、最初の子どもはともかく、そのあとは生まれるだけ何人でも子どもを産むことはないのが現状でしょう。夫婦が相談して、あるいは妻の意向で、子どもを何人にするかが決められる、またいつ産むかも決める計画出産が実態です。従って「つくる」という表現は、まさに事実に即した適切な表現。だからよく用いられるのでしょう。

また最近は、子どもが「生まれる」というよりも「産む」と表現されることが多いようです。子どもが主語ではなく、産む側が主語です。ここにも、出産が自然現象ではなく、人間の意志と判断にもとづく行為となり、出産は選択の結果の主体的行為だと受け止められている、その現れでしょう。

こうした意識は、産む性である女性にとってはいっそう強くなります。子どもをもつか否かを考えた上での決断となれば、出産は自分が選んだ主体的営みだ、そう考えたい、そのような気持ちが（私が）「産む」という表現に傾かせるのでしょう。『私らしさで産む、産まない』というタイトルの本もあるほどです。

もちろん、「授かる」という表現も今でも死語ではありません。しかしその使われ方は、かつての、人知を超えたものにすべてを帰していたのとは違ってきているようです。子どもをつくらないようにしていた（避妊していた）、なのに妊娠してしまった、このようなとき「授かったのだから――」といった受け止め方。あるいは、どうしても妊娠しない夫婦がさまざま検査し生殖医療の試みも受けてあらゆる手を尽くす、それでも子どもができないとき、「授からないのだから――」と、不妊を受け入れる場合にも使われるそうです。「授かる」「授からない」は、かつての意味とは違って、こうした特別な状況のときにむしろ使われることが多いとのことです。

2　なぜ人口〝革命〟なのか
――〈多産―多死―少子〉と〈少死―少産―少子〉

モーツァルト夫人の例でもみたように、子どもの数が少ない、少子は、何も今に始まったことではありません。すでに経験ずみのことです。それよりも、子どもの命が、その存在が、人間、親の手のうちに入った、「つくる」ものとなった、子どもは親の意志の産物となった、このことこそ、一大変化、人類史上画期的な初めての出来事です。

「少子化」と、子どもの数のことばかりが注目され、問題だと騒がれ過ぎています。重大なのは、子どもの命の質が人類史上初めて大きく転換した、その事実です。それは、人々の心、子どもに対する感情、愛情も変化させ、子どもへの教育も変えつつある、その劇的な影響と変化のゆえに、過激にも人口革命というにふさわしい出来事です。

今や、子どもは「つくる」ものとなりました。いや、つくれるようになったというべきでしょう。それはどうして可能になったのかといえば、工業化の進展、もっと狭くいえば科学とりわけ医学の進歩によってです。

乳幼児死亡率の低下——少子より少死が重要

モーツァルト家は、格別貧乏な方でもありませんし、不衛生な生活をしていたわけでもありません。当時、親としてできるだけの手を尽くしたにちがいありません。しかし、六人中四人までも幼くして死んでしまった、それは、当時の医学が乳幼児の命を救うには、あまりに無力だったからです。事情は日本でも同様でした。今日の戸籍に相当する宗門改帳から、江戸時代後期の農村の乳幼児死亡率は大体一〇〇〇人中二〇〇人前後、つまり生まれた子どもの二〇%は一歳未満で死んでしまったと推定されています。これは、同時代のイギリスの水準とほぼ等しいもので、この乳幼児死亡率の高さは明治までほぼ同様に続いています。

今日、日本の乳幼児死亡率は世界最低、一〇〇〇人中四～五人という低さです。その意味では、子どもの命が大事に守られ、その犠牲の少ない国といえるでしょう。生まれればほぼ必ず育つ——「少死」の時代となったのです。沢山生まれる、しかし、そのうち大勢の子どもがすぐ死んでしまう――この「多産多死」から決別できた、このことこそが「少子」であること以上に重要なことです。それを、日本は世界に先駆けて達成したのです。

子どもは産めば死ぬことはない、必ず育つ、この少死の保障の上に、結果として少子化が生じたのです。親たちは、よほどの難病か事故でもない限り産めば必ず育つと確信できるようになりました。そこで、うちは一人でよいとか二人にするなどと、子ども数を何の疑いもなく予定することができるようになったのです。一九七〇年代の〈子どもの価値〉プロジェクトが行われた時点では、「今いる子どもが丈夫である保障はない」という理由で子どもを産むとアジア諸国の多くの親たちが答えています。日本でも、四八％の親がそう考えていました。今ではまったく考えられない理由です。

このように、かつての少子は「多産―多死の結果としての少子となった」、つまり人間の手の及ばない自然現象であった。それが、今や「少死だから少産でいい、少子にする」と、少子は人が作り出した現象となりました。少子をもたらした原因が根本的に変化したのです。

安全・確実な受胎調節技術の普及

予定した時期に予定した数の子どもを妊娠することも、ほぼ確実にコントロールできるようになりました。多くの工業国では、安全で確実な受胎調節の技術が開発され、その知識は広く普及して、計画出産は当然のこととなりました。このことも人類史上、画期的なことです。かつては、子ども数を減らすには、結婚を遅らせたり禁欲といった性の制限をするか、もしくは生まれた子の間引きや堕胎という事後の策以外にはありませんでした。

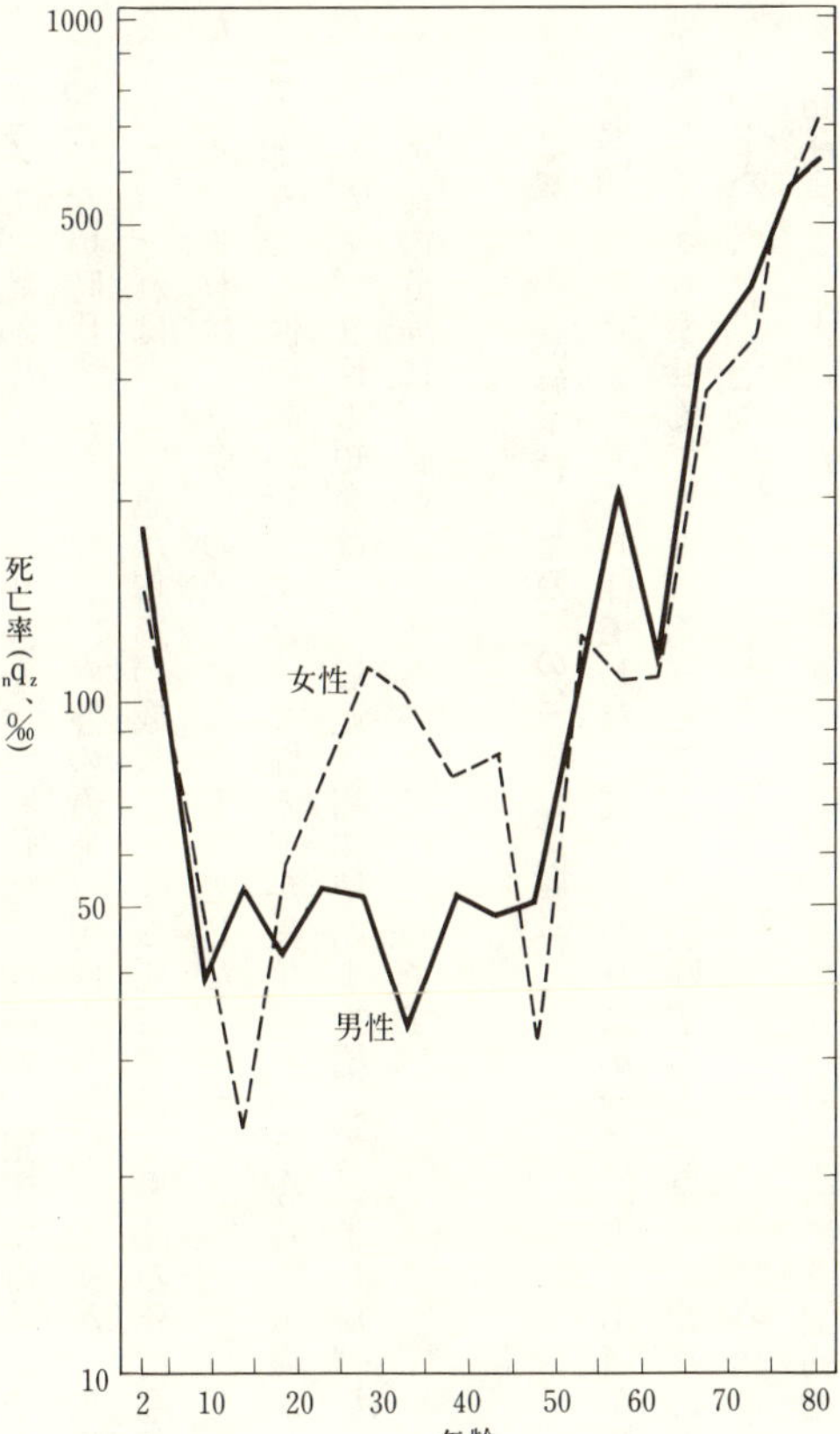

図10　江戸時代後期（1741～96年）、信濃国湯舟村の年齢別死亡率
女性の方が短命　　　　　　　　　（鬼頭、2000より）

ところで、乳幼児の死亡率が高かった時代は、同時に、出産で母親がその命を落とすことも稀ではない時代でした。今日、女性の寿命は男性より長いのですが、当時は女性の方が短命でした。それは、二〇歳から四〇歳頃の女性の死亡率が、男性の死亡率をはるかに上回るためです。それは、妊産婦の死亡によるものでした（図10）。

このような女性の高い死亡率は、女性の方が長生きという今日の常識からは驚くべきことです。しかも、女性の短命はごく最近、昭和初期まで続いていました。女性は、産む性であるゆえの命の危険に、長いことさらされていたのです。

避妊は罪――〈結婚―性―生殖〉の三位一体の時代

事情は、ヨーロッパでも同様でした。文字どおり命がけの妊娠・出産を避ける有効な手段は長いことありませんでした。それどころか、避妊すること自体、罪なこととされていました。「生めよ、ふえよ、地に満ちよ」と聖書「創世記」一―二八にありますが、結婚はこれを実現することと定めたカトリックの教義が、ヨーロッパ社会に支配的でした。性と生殖は当然連続したもの、結婚して性行為の結果、妊娠することは人のつとめであり喜ぶべきことであったのです。

性行為は自然のもの、妊娠もその望ましい結果ですから、人間の意志や行動がここに入り込むことは考えられないことでした。死と同様、生命の操作である妊娠調節・避妊は思考不可能なこと、不可侵の領域でありました。そうした状況は、欧米では一七〜一八世紀頃まで長いこと続いていました。

このような状況の下では、いかに出産に生命の危険があろうと、女性には妊娠を避ける手段はありませんでした。仮にあったとしても、つつましく従順であることが徳とされていた女性、妻の側から避妊の希望をほのめかすことなどできませんでした。〈結婚─性─生殖〉の三位一体は、男性には不都合どころか、家の繁栄、教会への忠誠のために結構なことですから、避妊という発想は到底生まれてきませんでした。ただ、待降節（クリスマスの前約四週間）とか四旬節（復活祭前の四〇日間）などカトリックが信者に性的節制を求める特別な期間を定めていて、それは守られたようで、その期間の禁欲の効果は、出生統計にみられるそうです。しかしそのほかには、男性が自発的に性行為にあたって何か妊娠予防の処理をしていたという証拠は、一九世紀になるまではみられていないということです。

妊娠への恐怖・嫌悪という感情の発生

しかし、女性の間では、避妊への希望がひそかに現れてきました。繰り返されるお産の危険と隣りあわせにいる女性の心に、妊娠への恐怖や嫌悪という感情が芽生え、それを忌避したい気持ちがつのっていきました。妊娠・出産を喜ばしい結婚の結果とみなすカトリックの教義圏内で、妊娠に対して恐怖や嫌悪という拒否的な感情が生まれたことは、心性の根本的な変化として注目すべき出来事です。しかし、この感情はしばらくはもっぱら女性のもので、男性には無縁のものでした。男性にとっては、子どもが多く誕生することは依然として結婚の成功であり豊かな自然の恵みと、教義どおり受け止められていました。

けれども、女性の側からじりじりと説得されていったようです。さる伯爵に嫁いだ娘が結婚後、毎年毎年妊娠する、その娘の健康を案じる母親が、娘婿になんとか節制を求めるようにあれこれ暗示的に懇願した次のような手紙が残っています。

「フランソワーズ・マルグリット・セヴィニエは一六六九年グリニァン伯爵と結婚した。一六七〇年、彼女はパリで女子を出産し、それを母親に任せ、やがて回復するとプロヴァンスに向かって出発、夫と落ち合う。母親のセヴィニエ夫人は心配する。また妊娠することを、彼女の言う『再発』が生じることを恐れる。ところが、この不安が正しかったことが裏付けられる。数カ月後、グリニァン夫人は妊娠していた。七カ月の時、セヴィニエ夫人は彼女にこう書く。『この出産後に、グリニァン殿が、人が良い土壌をつくるように、あなたを休養させることをしないのなら、彼の愛情を確信するどころか、私は殿があなたを厄介払いしたがっていると思うでしょうね』――『始終降りかかる辛い目に抗することがどうしてできましょう。それによって壊されないような若さも健康もありません――。私、身重のあなたを全然見たくありません』――そしてセヴィニエ夫人は主たる責任者の方に向き、彼に道理をわからせようとした。『――あなたはご自分の創られたもの（生まれた男児のこと）が気に入っておりますね。が、私の娘を気の毒に思うどころか、それをただ軽くみるばかりですね。あなたは出産することとはどういうことかご存じないようですね。――あなたが私の娘をしばらく休ませてくださらなければ、あなたは彼女を少しも愛していないと私は思うでしょうよ。――私、奥さんをあなたから遠ざけると思いますよ。私が娘をあなたと結婚させたのは、彼女を死なせるため、健康、美しさ、若さを台無しにするためとお考えですか――』」（P・アリエス、成瀬・伊藤訳『歴史家の歩み』法政大学出版局、一九九九、三五七〜三五八ページ）

避妊は悪とされていた当時、避妊の手段は、夫をしとねから遠ざけること、という原始的産児制限でした。効き目は怪しい一種の避妊剤もあったらしいのですが、それを公然と勧められない状況はしばらく続きました。妊娠・出産は、人が侵すべからざる自然とされる時代が長く続いていたのです。

「つくる」の歴史的背景――避妊の試みと性と生殖の分離

しかし、女性側からの懇願や説得もあって、次第に避妊が男性にも認められるようになりました。女性側からの説得もありますが、家族構造の変容も大きく作用しています。家族が小規模化し子どもに対する強い関心、とりわけ子どもの教育や未来への関心、責任感が強まってゆきました。これを果たすには、次々と自然に生まれてくるままにしてはおけません。また時期を限った禁欲という消極的な方法以上に、積極的・効果的に妊娠を避ける手段を使う方向へと推し進められていったようです。生殖が最大目的とされてきた結婚に、産児制限が意図的に行われ、避妊薬もいろいろ工夫され使用されるようになりました。妊娠は自然の一要素ではなく、人間の意志が介入し、技術が操作しうる対象へと、次第に変わっていきました。

日本の事情は少し違っているようです。不妊は不孝であり不幸とされていましたが、お産の危険や家の経済的圧迫を避ける目的で、多産を回避する試みはヨーロッパよりも早くあったようです。女の意志だけでもできる堕胎、間引き、捨て子などのほか、男女の協力なしにはできない性交抑制もされるようになってきました。健康のためにある季節には禁欲を勧めたり、適切な性交頻度の指示などが、当時民衆によく読まれた養生訓にもりこまれています。このことから、避妊はかなり広く行われていたと考えられます。また、さまざまな不妊薬や中絶術が中国から入り、広く試みられていたことも知られています。

このように、日本では比較的早くから避妊の試みがみられます。カトリックの教義ほど厳格な、〈結婚―性―生殖〉は一体との規範がなかったことも一因でしょう。また、子どもは「かみのうち」と、七歳ぐらいまではまだ人間とはみなさない日本に土着の考え方も、間引きや堕胎を許容する際、納得させる働きをしていた可能性もあるでしょう。それが妊娠回避の処置をとりやすくさせた背景になっていたのかもしれません。

戦後、日本は特別強力な人口抑制政策をうつことなく、きわめて短期間に出産数が減少し、戦前までの人口増を止めるのに成功したといわれています。この背景には、前述したような性―生殖観の伝統も一つの要因としてあずかっているのかもしれません（もっとも、日本の人口抑制には、人工妊娠中絶が大きく寄与したことを銘記すべきですが）。

先に、「つくる」という表現が今日もっとも一般的に用いられていることを述べました。この「つくる」という端的な表現は、妊娠・出産を親の意志の結果とみる態度がほぼ定着していることを示していますが、そこにも妊娠や生殖についての日本の伝統が作用しているように思います。アメリカ人が子どもをもつことを日常どのように表現しているかを聞き集めたところ、「つくる」という即物的表現はみあたりません。「こうのとりがやってきた」「エプロンを胸高につける」「ラビット（妊娠しているかどうかをテストするのに使うもの）が死んだ（妊娠していると出た）」といった比喩や間接的な表現が使われているようで、直接的な表現もせいぜい「家族が増える」「もうじき赤ちゃん、親になる」といったもので、日本で頻繁な「つくる」にあたるような言い方はみられません。もちろん、実際は計画出産になっているのですが、それでも「つくる」とはいわない、そこにはやはり宗教的なつつしみとでもいうものがあるのでは、と質問に答えてくれたアメリカ人は話しています。日本でも「つくる」の一般化は、せいぜいここ十数年のことだとしても、このような直截な表現が定着していることには、文化的な背景があるのではないでしょうか。ともあれ、〈結婚―性―生殖〉の分離は、考え方も実態もほぼ定着したとはいえるでしょう。しかし、今日もカトリック信者の間では、避妊をよしとせず多産の家庭が少なくありません。実際は計画出産していても「つくる」とはいわない前述の事情を考えると、生殖をめぐる思想的宗教的伝統の違いは、子どもを産むことをめぐる考えと行動と無縁ではないように思います。

今、日本では「つくる」に象徴されるように、妊娠は自然現象ではなく意志・決断の結果とみなされています。それは、医学の進歩による乳幼児死亡率低下と避妊技術の開発・普及あってのことなのはいうまでもありません。しかし、これは世界的・歴史的にみれば、ごく最近のこと。妊娠への恐怖や嫌悪といった否定的感情の発生、さらに、妊娠に人が介入することをよしとする規範が受け入れられるようになった、そうした心の変化があったことは銘記すべきことです。

3　人口革命下の親の心と行動の変化

「つくる」時代は親たちの心を変化させた

子どもの命は今や「授かる」ものではなくなり、人の妊娠・出産は自然現象から人工現象へと変化しました。これらの変化は、子ども数減少という人口現象にとどまりません。子どもはいうまでもない結婚―性―生殖の産物ではなくなり、「つくる」こと、つまり親の選択の対象となったことを意味します。このことは、強調してもし過ぎることはないほど大きな変化です。なぜなら、人間は選択の機会がある事柄については、選択の余地のない場合とは違って、選択の前にも後にもその事柄の意味に対して強くて熱い関心を寄せるものです。決して投げやりにはできないのが人の習いです。

子どものマイナス価値への注目――プラスの価値と秤にかける

何であれ人は自分が選択できるとなると、対象がもたらすプラスの価値だけでなく、マイナスの価値も十分に考慮し検討するものです。このことは、子どもの誕生（子どもをつくる選択）についても例外ではなくなりました。子どもが選択の結果となったことは、親の心をさまざまな点で変化させました。その第一は、子どもをもつことのデメリット、子どもが親にもたらすマイナス価値の意識化です。

子どもが人知の及ばぬ「授かる」ものであったときには、仮に子どもにマイナス価値が予想されたとしても、それを避けることはできませんから、黙って耐える、神様の思し召しと受容するほかはありませんでした。それが、今は黙って受け取ることはなくなったのです。「つくる」か否かを決められるようになったとき、マイナス価値がにわかにクローズアップされてきました。しかし、考えてみれば、そもそも子どもというものはプラスマイナス両方の価値をもつ存在です（表1）。「授かる」時代には、どうしようもないために見まい考えまいとしていたマイナス価値が、今やプラス価値と同様、事前に比較検討されることになったのです。

『産みます、産みません』（との本がありますが）、そのいずれかに決める際、子どもをもつことにどのようなメリットがあるか、子どもの価値をあれこれ考えます。同時に、子どもをもつことで生じるデメリットについても考えます。それらメリット・デメリットを検討したあげく、「産みます」か「産みません」かを選択し、決断します。子どもが人間の手のうちにない「授かる」ものであったときには、どうしようもなく無条件で受け入れていたマイナス価値が、にわかに意識化されることになったのです。

表1　子どもをもつことの有用性（価値）とコスト

子どもの有用性（プラスの価値）

⇩

1　経済的有用性・価値
例：a　子どもの労働力
　　b　老後の扶養
2　非経済的有用性（精神的価値）
例：愛情の対象、家庭が明るくなる、親になれる、家・姓・墓の継承

子どもにかかるコスト

⇩

1　直接コスト
　1　経済的費用
　　例：養育費、教育費
　2　非経済面でのコスト
　　例：子育ての気苦労、心身のエネルギー
2　間接的コスト
　1　経済的面
　　例：（親の）衣服、旅行、などの消費が制限あるいは減少
　2　非経済的面
　　例：レジャー、趣味など他の活動に使える時間・心身のエネルギーの減少

すでにみたように、日本の人々は子どもは宝だと思い、家庭を明るくし絆を強めるなど精神的価値を子どもに期待してきました。今も基本的にはそう考えられています。けれども、子どもが選択の対象となり「つくる」「つくれる」ことになった今、〈子どもの価値〉の価値はプラスのものだけではなくマイナスの価値も取り上げられ、プラスマイナス双方が初めて公然と問われ、その答えがあらわにされてきています。

子どもに精神的価値をいかに大きく認めていようと、また子は宝と思おうと、子どもがもたらすデメリットが大きければ、そう簡単に子どもをもつと決断しないでしょう。それが、子どもをもつことを躊躇させたり、本当は三人欲しいけれど、二人にする、あるいは子どもは諦めさせることになっているのでしょう。

このような、子どもを「つくる」「つくらない」の決断のプロセスに、今日の親の心の変化の一端をうかがうことができます。このあたりの事情については、次章で詳しくみることにします。

子ども観と子どもへの愛情の古今東西――子どもはかけがえのない存在か？

親の心の変化は、もう一つ、子どもへの感情、愛情についてもみることができます。私たちは、子どもは何ものにもまさる宝、かけがえのない存在だと思っています。親の子への愛情は「海よりも深く山よりも高い」といった言葉に多くの人々は共感します。また「できるだけのことをしてやる」のは、親の愛情とも考えています。そして、こうした親の子どもへの思いや愛情は、所変わり時代が変わっても人間には等しく共通なものと信じている向きがあります。しかし、本当にそうでしょうか？　親の子どもへの愛は古今東西、普遍的なものなのでしょうか？

日本に古くからある「子どもは宝」との考えは、今も私たちの子ども観の底流になっていきます。だから、つい、いつでもどこでもそうなのだと考えがちです。しかし、キリスト教思想が根にあるヨーロッパでは、子どもは原罪をもって生まれてくるとされてきました。さらに、人間が万物の霊長たるあかしである高い知性や言語は、子どもにはまだ備わっていない、だから子どもはおとなに比べて不完全で、とるにたらない存在と考えられてきました。ヨーロッパで、子どもがおとなにはない独自の価値をもった存在だとみなされるようになったのは、ようやく一八世紀末のこと、「子どもの発見」といわれる思想史上の変化以降のことです。

子どもの死にどう向き合うか——嘆き悲しみは「悪い感情」

「子どもの発見」以前は、子どもたちは、今日のようにひとりひとりがかけがえのない存在として遇されてはいませんでした。生まれてすぐ死んでしまった子のなきがらにすがって泣く産婦（母親）に向かって、「またじき次の子が生まれるよ」とか「手のかかる子がいっぱいいるんだから（いいじゃない）」といったりして慰めたそうです。今日の親は、ほかに何人子どもがいようが、またその子がどんな子であれ、子どもひとりひとりが「かけがえのない」と思っています。今ならこのような言葉は、慰めにはならないどころか、かけがえのない子どもを喪《うしな》った親を傷つけ怒らせることでしょう。しかし、その当時、人々は子どもはひとりひとりがかけがえのないものではなく、死んだ子は次の子や今いる別な子どもたちでとって代われると思った、そう思おうとしたのです。そう思うことで、子どもの死を受け入れたのです。

もちろん、当時だって子どもの死に出会った親たちの嘆き、悲しみは大変なものでした。昨年、没後二五〇年のヨハン・セバスチアン・バッハの、二番目の夫人アンナ・マグダレーナ・バッハは、一三人の子どもをもうけましたが、そのうち七人は幼少時に死んでしまいます。それは悲痛の極みであったのですが、しかし、彼女はその悲しみやまたほかの子も死ぬかもとの怖れの感情はよくないひねくれた感情だと見、そうした「悪い感情」は抑えるようにした、と記しています。

「またこの子も奪われていき、あの小さな墓穴に希望と愛を葬ってしまわなければならないのではないかという思いに襲われて、身の毛もよだつ怖ろしさにふるえる時がございました。あの小さな墓のほとりで、わたくしたち、セバスチアンとわたくしは、手を握り合い、黙りこくって、よく立ちすくんでいたのでございます。でも、いつもまた、こうしたひねくれた感情は罰があたると思い直して、それを抑えるのに最善を尽くしました」（アンナ・マグダレーナ・バッハ、山下肇訳『バッハの思い出』講談社学術文庫）

これは、今日の親たちが子どもを喪ったとき抱く感情、その感情をどう受け止めるかとは、大きな隔たりがあります。今日、子どもを亡くした親たちはもう一生心から笑うことはない、息をするのもやっとだ、といわれます。子どもの死は諦めようとて諦めきれるものではない、それは親として当然の心情だと、皆、共感します。子どもの死因を納得するまで追及する、補償を求めるといったことも、子を亡くした親ならでは当然の心情の発露だと、誰もが共感し納得してもいます。

子どもへの愛情の質的変質――感情は状況に応じて変化する

このように、親の子どもへの感情、子どもの死に対する親の態度や行動は、いつの世も同じではありません。一三人のうち半分以上の子どもが、親としてできるだけのことをしてやっても、次々と死んでしまう。そのように子どもの命ははかなく、親はなすすべもなかった過酷な時代には、今からみると淡々というか非情とも映るしかたで、子どもの死への悲痛な思いを処理したのです。子どもの命は「授かった」もの、それと同様に子どもの命も人知を超えたものによって取り去られるもの、そうするものへの畏敬の念とともに諦め、人としての嘆き悲しみは「悪い」ものと考えようとしたのです。そうすることで、当時の人々は人間にはどうしようもない過酷な状況に耐えることができたのでしょう。

どのようなときどのような感情を抱くか、感情をどう処理するか、それは人間すべてに普遍的なかたちというものはありません。日本人と欧米人とでは、どのようなときに怒るか、何を恥と感じるか、またそれらの感情をどう表し発散させるか、などは同じではありません。それぞれの社会ごとに、どのような感情はどのようなときには表してもよい、あるいは抑えるべきだという感情表出の暗黙のルールがあり、それが人々の感情のありようを決めています。同じことが起こっても、ある文化では怒りをあらわにして相手を攻撃しますが、別なところでは同じ事件に対しても黙って何もしない、ときには微笑みの表情をみせさえします。このように、人の感情は社会の感情表出ルールという文化に応じて変化します。これは、社会や国などそれぞれの状況の特徴に応じて、人々がその状況にもっとも耐えやすくまた人間関係がスムースにゆくようなかたちに感情を処理するよう決まってきているとみることができます。

こうした人間の感情メカニズムは、親子間の感情、親子愛についても例外ではありません。授かった子どもの命がはかなく死と隣りあわせであったとき、人々は子の夭折を人知を超えたものの意志として受け入れ、それを嘆き悲しむべきではないとすることで、その状況に耐え対処することができたのです。その意味で、一種の適応的な行動といえるでしょう。日本でも、子どもは宝として大切にされる反面、子どもはまだ「かみのうち」つまり人間とは認めないことで、夭折を嘆き悲しむ感情を緩和したり、さらには間引きをする上でもある種の納得とした と考えられます。

今日、子どもは「つくった」ものとなり、子どもの命は医学の進歩に支えられて産めば育つ強靭なものとなりました。人々は、人間の力と知恵に万全の信頼をおき、それに大きく依存している、それだけにその信頼を裏切るような子どもの死に直面すると、それを黙って許容するのは難しくなります。何かできることはないかと精いっぱい模索することになるのは、当然のなりゆきでしょう。

子どもの教育への強い関心――「できるだけのことをしてやりたい」の変化

「つくる」時代の親にみられる第三の変化は、親の子どもへの教育やしつけにあらわれます。子どもを「つくる」と選択し、「つくった」からには　その子どもに親は「できるだけのことをしてやる」と強い積極的な姿勢で臨みます。「つくる」選択は、子どものプラス・マイナスの価値をあらかじめ検討したあげくのことですから、それは当然のことといえるでしょう。「子どもにはできるだけのことをしてやりたい」は、今も昔もいわれることです。その限りでは変わりない親の子どもへの愛情の現れのようにみえます。

しかし、それは違います。かつて子どもは親の意志や計画によらず次々と生まれてきました。その時代、親たちはその時々の与えられた限られた条件のなかで、まさに「できるだけのこと」をするほかありませんでした。今はそうではありません。これだけのことはしてやりたい、大学まで、私立でも外国でもと親は考え、それが可能な数の子どもを可能な時期にもつことにします。どれだけのことを子にしてやるかがあらかじめ親によって決められ、それが可能になるようなかたちで子どもがいる、のが現状です。ここでは「できるだけのこと」はその場限りのことではなく、極言すれば親の深謀遠慮にもとづいた行為です。次々と生まれてくる子どもの世話や心配に忙殺され、ここでいう、子どもに「できるだけのこと」とは、おのずから限定されていた時代の「できるだけのこと」とは大きな違いがあります。

人の心までも変えた人口革命

このように、子どもが親の「つくる」「つくれる」ものとなったことは、親にとっての子どもの価値のプラス面のみならずマイナス面をも直視させ、子どもに対する感情、行動までも大きく変化させせました。

この変化は、少子化という数の変化以上に、大きな事件です。「授かる」ものであった子どもの命が、今や人間の力、親の手のうちにはいった。このことによって、親にとっての子どもの位置、価値がこれまでにない根本的な変化を遂げ、親の心、感情や態度までも変化させました。今日の人口の問題は、人口増とか人口減という数の変化ではなく、このような人の心までも揺さぶり変化させた、まさに革命的な事件です。

人口学者ランドリーは、近代の人口の特徴〈少産・少子〉が成立したことを人口革命と呼びました。しかし私は、〈少産・少子〉という目にみえる現象以上に、医学の進歩の影響が人間の生殖、身体のみならず、前述のように人々の感情や態度、心理にまで深く及んだことに注目し、そのことこそ、人類初の人口革命の核心であることを強調したいと思います。

4　性と生殖に関する健康と権利の承認
——セクシュアル・ライツおよびリプロダクティヴ・ヘルス

こうして日本を含む先進工業国では、子どもを「つくる」ことは常識化し、ほぼ定着しました。他方、発展途上国では、いまだに子どもは労働力をあてにされ、従って多産が奨励される、その出産のために命を落とす女性も少なくありません。また女性の性行動や感覚を制限する目的で、性器切除の手術が当の女性の意志を無視して行われている社会もあります。現に二八の国でその慣習があるとのことです。ここでは性と生殖は、社会や家、男性の支配下にあり、それが産む性の心身の健康を脅かし、生まれてくる子どもをも不幸にしています。

性と生殖に関する自己決定権——人口問題のパラダイム転換

このような状況のなかで、二つの国際会議で人口と性をどう捉えるかが議論され、歴史上画期的な転換が起こりました。それは、一九九四年の国際人口開発カイロ会議と、一九九五年の第四回世界女性北京会議においてです。両会議で、性と生殖に関する健康と権利とを保障することを骨子とするセクシュアル・ライツおよびリプロダクティヴ・ヘルス（リプロダクティヴ・ヘルス&ライツ）が提起され、それがほぼ合意をみたのです。

セクシュアル・ライツおよびリプロダクティヴ・ヘルスとは、「人間の生殖システム、その機能と活動過程のすべての側面において、単に疾病、障害がないというばかりでなく、身体的、精神的、社会的に完全に良好な状態にあること」、さらに「人々が安全で満ち足りた性生活を営むことができ、生殖能力をもち、子どもを産むか産まないか、いつ産むか、何人産むかを決める自由をもつこと」と、国際人口開発会議文書に記されています。子どもの数、出産時期、出産間隔など生殖に関する自己決定権、および、自分の性を他者からの強制によらず自己管理し享受できる権利、と要約できるでしょう。

これは、あたりまえのように聞こえるかもしれません。しかし、これまで性や出産に関わる人口の問題は、社会経済的観点から人口の増減の是非が論じられ、その路線で政府の人口政策が行われてきた長い歴史があります。戦力増強あるいは食料危機の解消にと、国民に出産を奨励したりあるいは抑制したりするなどです。日本とて例外ではありません。つい最近の第二次大戦中、「産めよ殖やせよ」が喧伝され、多産母が表彰されたという実例があります。

人権の一環としてのリプロダクティヴ・ライツ

こうした人口をめぐる歴史を顧みれば、生殖が個人の問題とされ、個々人の自己決定の権利が認められたことは画期的なことです。その人口会議に出席した日本の人口学者は、このリプロダクティヴ・ライツの概念に接して「未知との遭遇」ともいえるショックを受けたと語っています。この考え方は、従来の人口学の教科書にはまったくありませんでした。人口や出産などを経済や社会の側から見、研究してきた立場からすれば、人口の担い手あるいは出産の当事者の側へと視点の転換が迫られたのですから、その驚きはもっともです。

しかし、リプロダクティヴ・ライツはそのとき突然生じたものでも、またそう驚くほど意外なものでもありません。それは、すでに国際的に認められ確立している各種人権の、必然的な延長線上にあるものだからです。生命と生存の権利、自由および個人の安全保障の権利、平等の扱いを受ける権利、教育の権利、等々です。とりわけ女子差別撤廃条約には、一六条に「子の数および出産の間隔を自由にかつ責任をもって決定する同一の権利」と明記されています。リプロダクティヴ・ライツの原点は、すでにここにあるのです。

人として等しくもつべき当然の権利、人権の一環であることを考えれば、この承認は遅きに過ぎたといえるでしょう。「未知との遭遇」と驚いた人口学が、これまでいかに当事者不在、とりわけ産む性へのまなざしを欠いていたかを示すともいえるでしょう。

経済、政治の問題から個人の心の問題としての人口問題——なぜ人口心理学か

人口が学問の対象、さらに政策の対象であったとき、個人の心は見過ごされてきました。とりわけ産む性が自分の命の危険を賭けて出産し、さらに育児を引き受けてきた立場への配慮は、これまできわめて乏しいものでした。それが、リプロダクティヴ・ライツの視点から正面から問題とされるようになりました。性と生殖がようやく個人の幸福に関わる問題、心の問題となったのです。

しかし、これは人口、出産の当事者である産む性、女性の側では、早くから意識されてきたことでした。先に、たび重なる娘の妊娠・出産に対するセヴィニエ夫人の嘆きと怒りについて述べましたが、それは何も上流階級の特別なケースではありません。国がいかに奨励しようと教会や家のためと期待されようと、女性にとって出産は自分の命の危険や生活の不如意をともなうものであるゆえに、妊娠への怖れや嫌悪は女性たちの心に早くからありました。しかし、それをあらわにできない宗教的社会的状況が長く続いてきました。さらに、男性による性の支配や強制も一般的でした。そのような状況のなかでも、人口問題の核心である妊娠・子産みという出来事は、女性にとって早くから真摯な心の問題だったのです。

リプロダクティヴ・ライツの概念が市民権を得た今、子どもを産むことは個人の心と行動の問題であることがあらわになりました。とりわけ今日の日本の社会において、子どもを産み育てることは、産む性である女性にとってパートナーとの関係や充実した幸福な人生につながるか否かの、まさに心の問題です。こうなった今、結婚、出産、離婚など人口に関わる諸現象を、経済や社会というマクロな視点ではなく、個人の心の問題、とりわけ女性の心とその発達として研究し理解する必要があります。本書が、あえて人口心理学を提唱する所以です。

3章　「なぜ子どもを産むか」
――「つくる」時代の子どもの価値

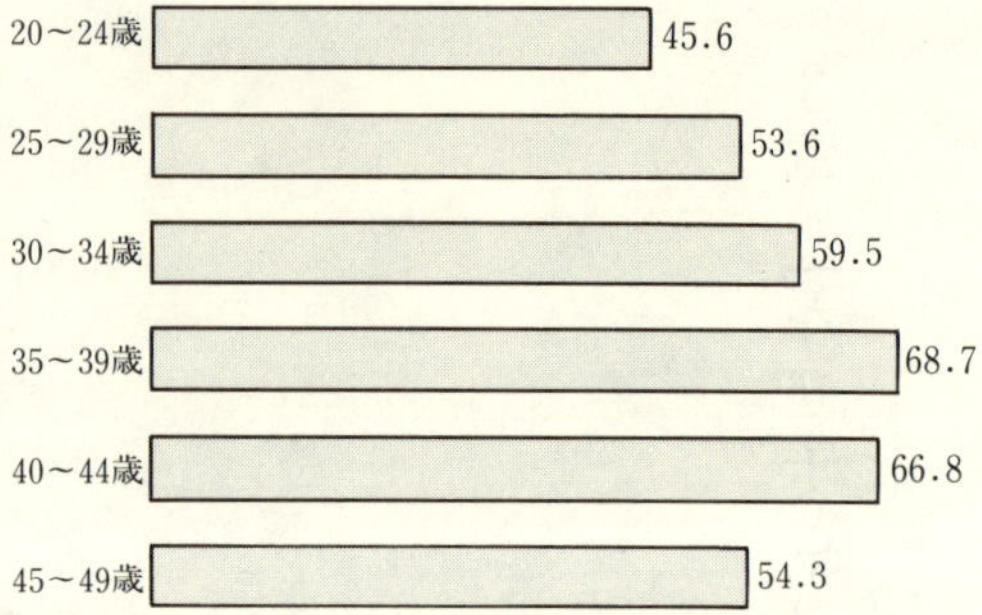

図11　年齢別にみた避妊実行率（％）

（国立社会保障・人口問題研究所、1997）

「つくる」「つくらない」の意志決定と避妊

今日、日本では計画出産がほぼ完全に実施されているとみてよいでしょう。子どもを「つくる」という表現が、最近は日常会話のなかでごく普通に使われるようになったほど、子どもは結婚や性行為の自然の結果ではなく、親の意志・計画でつくるものとの意識が定着しています。最近の調査によりますと、子どもをつくる（つくらない）ことについて話し合った夫婦は五〇歳代では半数に過ぎませんが、二〇歳代では実に九三・五％が話し合っているとのことです。そして実際、一九九七年の避妊実行率は図11のようです。

全体で六〇％強。二〇～二四歳で四五・六％、二五～二九歳で五三・六％と、この時期に低くなっていますが、その後は高い比率で避妊が実行されています。結婚後しばらくの期間は、避妊をやめて子どもをもつ時期があり、出産後、もう妊娠の可能性がほとんどなくなる年齢まで避妊を続けることで、予定の子ども数をつくる、そうした一般的な傾向がここから推定できます。

人口の増減は何で決まるか――昔と今の違い

歴史人口学の書物をみますと、人口の増減つまり出生と死亡とが、昔と今とでは大きく変化してきていることに改めて眼を開かれます。

かつては、気候の温暖化や冷害など自然条件の支配が圧倒的でした。それによって決まる食料の収穫高やその食料の栄養の質いかんが、乳幼児の死亡率はもちろんのこと、成人の寿命も規定していました。人口の増減は、いわば自然条件の関数であったといえましょう。やがて農耕が発達し、技術や知識なども食料生産に関与するようになる、そして自給自足から市場経済になるに及んで、人口は自然条件の直接的な影響から次第に脱してゆきます。代わって、経済や技術、さらには家・結婚などの制度や実態が、人口の増減を左右するようになってゆきます。

経済や社会が人口の増減に影響すること、それは今も同様です。気候とて依然として無縁ではありません。しかし、子どもは「つくる」ものとなった今日、人口史上、決定的な変化を迎えました。自然や経済など外側の要因に代わって、人口のつくり手である人の意志、心が大きく浮かび上がってきたのです。もちろん、いつの世も子どもを欲しいとの願いやこれ以上はもういいという意志はあったでしょう。しかし、それを実現する方法は限られたものでした。皆婚、早婚あるいは晩婚や禁欲などで子どもの数を増減させるなど、消極的な策しかありませんでした。また結婚した夫婦に、避妊そのものが許されない状況も長く続いていました。

事態は一変しました。受胎調節技術の普及によって避妊と計画出産は一般化し、子どもは結婚―性の当然の結果ではなくなり、選択肢の一つとなりました。このことは、人口というものが、計画や選択をする人間の側の要因に大きく依存することになったことを意味します。今や子どもを「つくる」という選択は、その当事者が子どもをもつことをどのような選択肢と比較検討するか、何を尊重し重視するかといった、心の動き、意志決定のプロセスそのものです。こうして、人口は個人の心のありようを反映するものとなり、心理学的問題となりました。

1 「産む理由」――子どもの価値のたてまえとホンネ

子どもをもつか否かの決定にあたっては、経済や家など外的な要因ももちろん検討されるでしょう。社会が子どもに期待している価値も無関係ではありません。経済的な視点や社会学的な研究はこの点を明らかにしています。しかし、それだけでは理解できないものが残ります。

すでにみたように、日本人は子どもに「家庭が明るくなる」「生き甲斐になる」「絆が強まる」など精神的価値を高く認めています。それに、子どもは「万の倉よりまさる宝」と考える根強い風土があります。それほど子どもが価値あると考えているなら、それを求めて子どもを産むはず。ところが、出生率は低下しつづけています。これは、一体どうしてでしょうか？

子どもに精神的価値ありと観念的には認めてはいても、それだけで「つくる」選択をすることにはならないのです。概論賛成、しかし、各論——自分のことになるとそうはいかないのです。子どもは宝といい精神的価値ありということは、もちろん誰しもウソとは思っていないでしょう。けれどもそれはいわばたてまえであって、ホンネは、子どもを選択する際に各人が現実の生活の具体的な事柄と比較検討する、そのプロセスにうかがえるのではないでしょうか。とりわけ性と生殖に関する決定権をもつ女性が、なぜ産むか、産んだのか、それはどのような理由かに、ホンネとしての子どもの価値が反映されているはずです。計画出産となった今、なぜ産むか、どのような理由か、それは子どもの価値の実態を示していると同時に、選択決定する当事者である女性が、子どもと自分との関係や自分の生き甲斐についてどのように考えているか、その心理も明らかにすることにもなる、格好の糸口と考えられます。

「子どもは宝、精神的価値をもつ」の意味と限界

日本を含む先進工業国では子どもは精神的価値が期待され、発展途上国での経済的・実用的価値とはきわだった対照をみせていることを先にみました。ところで、これまで子どもの価値は、「あなたにとって子どもとは何ですか」「家庭において子どもはどのような存在ですか」といった質問への回答にもとづいて研究されてきました。その結果、子どもが社会や親にとってもつ意味・価値が、社会の工業化と経済発展度によって大きく規定されていることが明らかにされました。その限りでは、子どもの価値とその変化とをマクロ的に理解する上で大変有効な資料だったといえます。

しかし、「子どもとは何ですか」の類の漠とした質問への回答からでは、夫婦や個々の女性が実際に子どもを産むか産まないかの意志決定と出産行動とを十分に理解することはできません。なぜ少産なのかも、この類のデータだけでは説明できません。それにはよりミクロ的な分析――個人の意志決定に関わる要因を知らなければなりません。たてまえや一般的通念では、もはや簡単には動かない、それだけでは子どもはつくらない、つくれない状況になってきているからです。子どもを産むことが、個人の側の要因で決定できるようになった条

件が整った今日ならではのことです。

「産む理由」「産む決定時の考慮点」はどのようなものか

子どもを産むことが選択となった今、子どもをつくると決定したときの理由をみると、その人が子どもをどのような選択肢のなかに位置づけ、相対的判断をしたかが浮き彫りになると考えられます。そこで、当事者である女性の産む理由、産まない理由に焦点をあててみることにしましょう。それも観念的あるいは希望的な答えではなく、ホンネに迫る実態を知るために、すでに出産をした女性（既婚有子）の協力を得て検討するのがよいと考えました。

まず、出産経験のある女性、それもいろいろな年齢の女性にインタビューしました。そして子どもをもつと決めたとき、どのようなことを考慮したか、何がその決定を促したか、逆に何が子どもをもつ決定を躊躇させたかなどについて、自由に話し意見を述べていただきました。そのインタビューから、産む際に考慮したこと、産む理由がさまざま収集されました。それらを整理して質問紙を作り、それを用いて大がかりな調査を行いました。

調査協力者は出産経験のある女性。その方々に、第一子を産んだとき、どのような点を考慮したか、どのような理由で産むと決定したかを答えていただきました。調査は、年齢の異なる三世代を対象に行いました。すでに産み終わっている世代として四〇歳代と六〇歳代、それにまだ産む可能性がありますが、若い世代として三〇歳代、この三世代の女性（母親）それぞれ約三〇〇人です。ご自分の出産経験に即して回答していただくことで、とかく起こりがちなたてまえではなく、実際の産む理由、産まない理由を知ることができ、そこに子どもの価値のホンネを知ることができたと思います。また三世代の結果を比較することで、日本の社会に最近起こっている産む理由の変化、女性にとっての子どもの価値の変化、ひいては女性の心の変化もみることができました。

誰にとっての子どもの価値か——精神的価値にもいろいろ

〈産む理由〉に関する三〇の質問に対する母親たちの回答から、子どもをもつ決断にはどのような要因が働いているのか、その構造を分析しました。得られた全データを、因子分析の手法で分析したところ、表2のように五つの次元が区別できました。

質問は、それぞれの理由を（産むときに）どの程度考慮したかで答えるものでしたが、どのような理由や事項をどの程度考慮し重視したか、その回答結果から五つの要因（因子）が質的に異なるものとして区別されたのです。

五要因のうちの三要因、〈情緒的価値〉〈社会的価値〉〈個人的価値〉は、いずれも子どもに認める何らかのプラスの価値で、いずれも精神的な価値です。

表2　子どもを産むと決めた理由―3種の価値と2種の条件

価値

〈情緒的価値〉

年をとったとき子どもがいないと淋しい
子どもがいると生活に変化が生まれる
家庭がにぎやかになる
子どもをもつことで夫婦の絆が強まる

〈社会的価値〉

子どもを生み育ててこそ一人前の女性
結婚したら子どもをもつのが普通だから
次の世代をつくるのは、人としてのつとめ
姓やお墓を継ぐものが必要

〈個人的価値〉

子どもを育ててみたかった
子どもが好きだった
子育ては生き甲斐になる
子育てで自分が成長する
女性として、妊娠・出産を経験したかった

条件

〈条件依存〉

経済的なゆとりができた
自分の生活（趣味・旅行など）に区切りがついた
夫婦関係が安定した
2人だけの生活は十分楽しんだ
自分の仕事が軌道にのった

〈子育て支援〉

よい保育園があったので
子育てを手伝ってくれる人がいたから
親が楽しみにしていた

（柏木・永久、1999）

まず、第一の〈情緒的価値〉は、家庭がにぎやかになる、（結婚）生活に変化が生まれる、夫婦の絆が強まるなど、家庭や夫婦にとっての価値が中核になっています。家族や夫婦の生活にとっての情緒的価値といえるでしょう。次の〈社会的価値〉には、結婚したら子どもをもつのは当然、また次世代をつくるのはつとめ、それで一人前など、子どもを産むことが社会にとってもつ意味や社会で認められている価値が含まれています。これらは、あくまで社会を前提とした子どもの価値ですから、社会的価値と名付けました。これらに対して、〈個人的価値〉といえるものが分離されていました。これは、前の二つとはまったく違って、子どもがあくまで自分にとってもっている価値を示す項目群から成り立っています。子どもを育ててみたい、生き甲斐になる、自分が成長する、妊娠・出産を経験したかったなど、いずれも子どもや出産が産む主体、女性自身にとってもつ価値ばかりです。ここでは、社会も家族も夫も何ら考慮されていません。もっぱら自分にとっての子どもの価値だけです。

以上の三種の価値は、これまで区別されずに「精神的価値」と一括され、「経済的・実用的価値」と対比されて日本をはじめ先進工業国の特色とされてきました。それが、一口に「精神的価値」といっても、それが誰にとっての価値なのかの点で、区別される、区別すべきであることが、この調査の分析から明らかになりました。

子どものもつマイナスの価値――「つくる」時代ならではの理由

表2中、残りの二因子は、いずれも子どもの価値そのものではなく、むしろ子どもをもつか否かの決断を左右する事項です。これが満たされなければ、子どもをもつことの制約条件になる項目から成り立っています。

その第一は、経済条件や趣味、旅行、仕事、夫婦関係など、子どもをもつことで妨げられる可能性のある、自分の生活に関する事項です。これらが整っているか否かが、子どもを産む決断にあたって考慮されるというのです。子どもが生まれることは自然のなりゆきではない、またそうはしたくない、子どもをもつことで自分の生活が蒙るさまざまな影響を、事前にあらかじめ十分に検討する、それ次第で子どもを産むことを決断する、今日ならではの態度がここにみられます。そこで、この因子を〈条件依存〉と名付けました。

もう一つは、子どもが生まれた後の育児条件についてのものです。これも、子どもが生まれた後について考えている点で、前と同様、計画出産の特徴でしょう。さらに、子どもはいうまでもなく母親だけで育てる、育てられるとは考えていない、むしろ支援が欲しいと考えていることを示す要因です。そしてその支援が得られるか否かで、子どもをもつ決断が左右されるというものです。これを〈子育て支援〉と名付けました。

〈条件依存〉にしろ〈子育て支援〉にしろ、出産後、自分に起こりうるマイナス要因をあらかじめ検討し、子どもをもつか否かはその検討結果次第とする態度を示すものです。ここでは、子どもは当然・自然のこと、また産んだものが育てるのも当然・自然とする考え方は後退しています。これは、女性が子どもや子育て以外に価値あるものをもっていることを予想しています。子どもをもつことが、条件によってはマイナスの価値となることを予想して、それをなるべく妨げられないようにと考えるようになっているからで、それをなるべく妨げられないようにと考えるようになっているのです。このように、子どもの価値は、女性が大事だとしている他の価値と比較検討されています。女性にとって子どもの価値は絶対的なものではなくなり、他の価値と並ぶ相対的なものになってきたといえるでしょう。

またマイナス要因を公然と意識し検討するようになったことは、結婚―性―生殖という連鎖が当然・自然とされていたときにはありえないものでした。出産で命を落とす危険からの妊娠への怖れや嫌悪は、女性の間でひそかにあっても、それを理由に産むことをやめるなど不可能、そして不敬なことでした。それが公然のものとなり、避妊と計画出産により子どもは「つくる」ものとなりました。〈条件依存〉と〈子育て支援〉という条件要因は、この「つくる」時代ならではのものといえるでしょう。

2　変化しつつある子どもの価値――「産む理由」の世代間の差

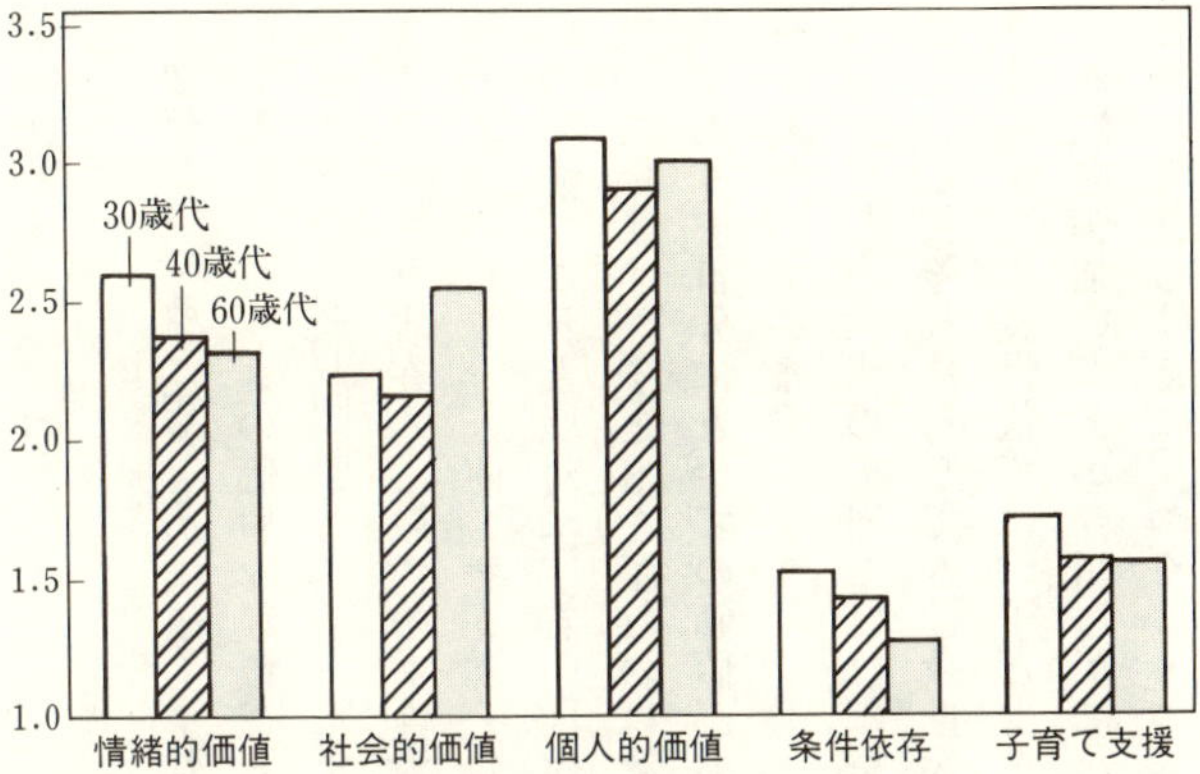

図12　世代によって子どもの価値は違うか（永久・柏木、2000）

子どもを「産む理由」が、三種の価値と二種の条件とに分かれることをみました。プラスの価値とマイナスの価値ともいえるものです。では、これらプラス、マイナスの子どもの価値は、母親においてどのようなウエイトがあるのでしょうか？　またそれは、世代によって違いがあるのでしょうか？

図12は、この五種の因子の得点を世代別に示したものです。得点が高いほど、その因子が重視されていることを意味します。

ここからまずわかることは、どの世代でもプラスの価値が、条件要因つまりマイナスの価値よりずっと高いことです。子どもをもつことにともなうマイナスを考慮しつつも、それ以上に子どもがもたらすプラスの価値を大きく認めている、それはどの世代の母親にも共通するところです。その限りでは、母親にとっての子どもの価値には世代による大きな変化はないといえます。

変化しつつある子どもの価値——社会のためから自分のためへ

しかし、プラスの価値を種類ごとにさらに詳しくみますと、世代によって微妙な差がみられます。〈社会的価値〉は、六〇歳代の年長世代では他の世代より有意に高く認められています。つまり現在六〇歳代の女性では、子どもを産むのは社会のため、次世代を残すことはつとめ、それで一人前と考え、その理由で子どもを産んでいた人が、若い世代に比べると多いのです。これと反対に、若い世代では、同じプラスの価値でも〈個人的価値〉が大変強くなっています。子どもを産むのは社会や家のため、という意識が薄れて、子どもは自分のためであり、自分にとっての価値があるかどうかを考えて子どもを産むか否かを決定する方向へと変化しています。

先に、若い世代の夫婦ではほぼ全員が、子どもをつくる、つくらないについて夫婦で相談している、それに対して五〇歳世代ではそのような相談をした夫婦はずっと少ないことを述べました。年長世代では、子どもを産むのは社会のため、結婚したものの責任、つとめと考える傾向が強いことが今明らかになったのですが、このように結婚したら子どもは当然・つとめと考えるゆえに、つくる・つくらないの相談はあえてする必要はないと、相談しなかったのでしょう。子どもをなぜ産むか、つまり子どもの価値についての意識変化が、夫婦の間で出産について相談するか否か、その行動も変化させることになってきているのです。

もう一つ、世代間で差がみられることがあります。それは、全体としては低いマイナスの価値〈条件依存〉と〈子育て支援〉についてです。これが、若い世代になるにつれて高くなっていく傾向がみられます。若い世代では、子どもを社会のため、また結婚の当然・自然の結果と考える傾向が後退していることをみました。このことは、若い世代ほど子どもは選択の対象となっていることを意味します。そうなりますと、自分の生活の諸条件と勘案して子どもを産むか否かの決定をするようになるはずです。経済的ゆとりや自分の生活上の便宜、さらに育児を支援してくれる人や施設など条件が、若い世代ではより重視されるという、この結果は、そうした事情を明らかにしています。

以上のような世代による差――年長世代から若い世代への変化は、子どもは〈自然・当然・社会のため〉から〈条件次第・自分のため〉へ、と要約できるでしょう。

このような世代による差は、もっとも若い三〇歳代の母親と年長の六〇歳代の母親との間に、統計的に有意味な差がみられる項目を拾い出してみますと、一目瞭然です（表3）。

若い世代では、子どもは自分のためであり、しかも条件を考慮した上で子どもを産むことを決断している様相がよくわかります。それは、年長の母親たちが結婚したら子どもは当然、

表3　60歳世代で顕著な「産む理由」　30歳世代で顕著な「産む理由」

60歳世代で顕著な理由 ⇨	結婚したら産むのが普通 生み育ててこそ一人前 次の世代をつくる 生き甲斐になる 姓やお墓を継ぐため必要
30歳世代で顕著な理由 ⇨	2人だけの生活は十分楽しんだから 妊娠・出産を経験したいから 夫婦関係が安定したので 年をとったときいないと淋しい 生活に変化が生まれる 自分の生活に区切りがついたから 経済的なゆとりができたから 仕事が軌道にのったので 手伝ってくれる人がいたので よい保育園があったから

（柏木・永久、1999）

それで一人前、と社会的な価値を重視しているのときわめて対照的です。子どもが選択の対象となり、従って条件次第となってきた最近の子産み事情が、ここにはっきりみてとれます。

「妊娠・出産を経験したい」——若い層に広がる妊娠・出産体験欲

ここで特に注目したいのは、若い世代で圧倒的に高い「妊娠・出産を経験したい」という理由です。ここには、社会もなければ家や夫もまったく関係なく、ひたすら妊娠・出産という女性ならではの自分自身の体験への強い関心がうかがえます。かつては、このように経験したいなどと思ういとまも必要もなく、結婚すればまもなく妊娠・出産となったのでした。それが、今は選択の対象となり、子どもは誰のためでもない、自分のためのものとなりました。そのきわみが、妊娠・出産という体験そのものへの欲求で子どもを産むと決める、この理由です。これは子どもそのものの価値ではない点で、他の理由とはまったく異なり、またこれまでにはないものでした。それが、若い世代では大きな理由になっているのです。

内田春菊の『私たちは繁殖している』という三巻の本が、多くの若い読者を得ています（図13）。

図13 『私たちは繁殖している』
（©内田春菊／ぶんか社、1996）

この本は著者自身の体験にもとづいたもののようですが、そこには妊娠し出産にいたる間に本人の心身や周囲に起こるさまざまな事柄が、微にいり細にわたって漫画とせりふで具体的に描写されています。著者は「私は子どもを産みたかったということだけが動機で産んだ――」とあとがきに記し、自身の妊娠・出産への強い関心を披瀝しています。

この本がベストセラーになっているというこ

超音波の診察しますね
あら
そーかあれにはいちいちコンドームをかぶせて入れてたのか
うーん
乾球下さい
こちらからは超音波のモニターは見えなかった…
コンドームって医療用品なのだなあ
どうも中をふいてくれているらしい
ていねいに処置しているな…

流産ですね
残念だけど…
もう出口が開いてるので今処置しました痛かったですか？
いえ…そうでも…
じゃあ今あとの処置もやっちゃいましょうかるい麻酔打って
今の処置に毛のはえたくらいのものですから
うっまだ何かあるのか
そしたらあしたの朝帰れますから
そうですか…
あのー…
私…最初は
流産するかもしれないって言われたときこわかったんですけど…
起こってみたらおなかもそんなに痛くないし…

（©内田春菊／ぶんか社）

とは、若い人々の間に妊娠・出産体験に対する関心がいかに強いかを物語るものでしょう。最近、結婚はしたくないけれども妊娠・出産の経験はしたいとか、夫はいらないが子どもは欲しい、といったことをいう若い女性が少なくありません。ここにも女性ならではの身体体験への強い好奇心をうかがうことができます。子どもをもつことが選択の一つとなった今日ならではの、新しい欲望、そして個人的価値、自分にとっての価値の最たるものといえるでしょう。

父親にとっての子どもの価値——母親より社会的価値重視そして観念的

ところで、これまで母親における子どもの価値をみてきましたが、では、もう一人の親である父親、男性にとって子どもはどのような価値をもっているのでしょうか?

父親と母親それぞれに「子どもを望む理由」を質問した別な調査があります。それによりますと、父親と母親間でかなり差があるのは、「自分の子孫を残したいから」(父親三八・一%　母親二六・九%)、と「子どもは将来の社会を担う財産だから」(父親三八・六%　母親二九・六%)です。また別な調査でも、「社会を担う次世代をつくる必要がある」や「家の存続・継承のために必要」といった社会的な価値、また「人間として自然なこと」、といった子どもを自然・当然とする見方は、母親よりも父親に強くみられます。

これらを総合しますと、父親は概して子どもを観念的に捉え、子どもをもつことに社会的な価値を重視する傾向が強いといえそうです。

この違いはなぜなのでしょうか？　産む性とそうでない性という生物学上の差によるのでしょうか？　それとも別な要因があるのでしょうか？　これについては後にみることにします。

3　子どもの数はどのように決まるのか？

子どもの数、人口の増減は、古くは自然条件によって規定され、やがて経済や家族制度などが大きな影響力をもつようになりました。少なくとも避妊が技術的に不完全であったり、避妊自体が宗教的倫理的禁忌であった時代には、圧倒的にそうでした。しかし、受胎調節の知識が広く一般に浸透し避妊が公然のこととなるに及んで、状況は一変しました。自然や社会的要因のほかに、人間側の要因が大きく関与することになりました。避妊技術の発達とその知識の普及は、子どもの価値の変化を招き、それが子どもの数、ひいては人口の増減に決定的役割を果たすことになった事件といえるでしょう。

経済コストによる子どもの数――「子どもの質―子どもの数」戦略

避妊の知識は今でこそ広く普及していますが、最初は教育水準の高い層のものでした。折りしも、教育投資をして子どもの質を高めることが必要となってきました。高等教育を受けさせる、芸術やスポーツなどの素養もつけさせるなど、子どもの質を高めるには大きな経済的投資が必要です。それには子どもの数が多くては不都合だと、子どもの数を少なくする方向になったのです。

教育水準が高い層は、概して経済的に豊かな階層です。そこで、富裕な階層の間で、避妊知識を利用して子どもの数を減らして子どもの質を高める、つまり高い教育を受けさせるという現象が起こりました。「子どもの質―子どもの数」「少なく産んで良く育てる」という経済コスト戦略です。

その後、避妊知識がすべての階層に普及するとともに、子どもの質―子どもの数の経済コストの戦略は一般に広がりました。こうなりますと、再び家庭の経済力がものをいいます。富裕層では子どもに投資できる資源も多いので、子どもは多い、という傾向が生じるようになりました。

「少なく産んで良く育てる」規範の浸透――「子どもは二人」の広まり

このように家庭の経済条件は、今も子どもの数を左右する大きな要因です。先進国では、程度の差はあれ、少子化が一般的な傾向です。そこでは、子どもへの教育投資が必須とされていますから、この経済コストにもとづく戦略が働いています。

少子化、少子化としきりにいわれますが、子どものいる家庭に限れば子ども数はここ二〇年来二人強と、ほとんど一定です。ここには、「少なく産んで良く育てる」という経済コスト戦略が、近年、人々の規範として広く共有されるようになり、その結果「子どもは二人」ということに落ち着いたとみてとることができます。

日本では、ものの考え方にも行動にも「世間」が大きな影響力をもつといわれます。他人の意見や行動に敏感で、他人と折り合いをつけて集団の一員として協調的にふるまうことが、幼児からおとなにいたるまで、日本人に広くみられる特徴です。このことは、子どもをもつことについても例外ではなさそうです。受胎調節が短期間に普及し急激に少子化が進行した、その背景にもこうした同調性の高さがあるでしょう。「二人っ子規範」とでもいえそうなほど、子どもは二人の家庭が過半数です。子どもが一人の母親に向かって、「もう一人を」とか「二人はいなくては――」「次は?」といった類のことがよくいわれるとのことですが、ここにも、子どもは二人との規範とそれへの同調を求める一種の圧力をみることができるでしょう。

ところで、女性の社会進出、とりわけ母親が職業をもつことが少子化を推進する、といったことがしばしばいわれます。しかし、それは必ずしもあたりません。全国規模の調査結果は、有職の母親家庭と無職で専業主婦母親の家庭の子ども数は、いずれも二、三人で大差ありません。母親が職業をもつことが少子化の原因とする理解は少し短絡的だといえましょう。それはともかくとして、母親の職の有無に関わりなく子どもは二人という事実は、日本の社会における二人っ子規範の強さを示唆しているともいえるでしょう。アメリカ、イギリス、スウェーデン、韓国、タイ、日本の六カ国についての大規模な調査によりますと、日本では子ども数が二人にかなり集中しているのに対して、欧米諸国では一人から四人に幅広く分布し、しかもそれぞれかなりの率を占めています。ここにも、子どもは二人という暗黙の規範が日本に強いことがうかがえます。

理想の子ども数と現実の子ども数――そのギャップはなぜ？

このように、日本では子どもは二人が一般的です。しかし、その数は、親たちが理想とする子ども数とは必ずしも一致していません。理想としてはもっと多くの子どもを、と多くの人々は考えているのですが、実際にはそれを下回って二人に収まっている場合が少なくないのです。

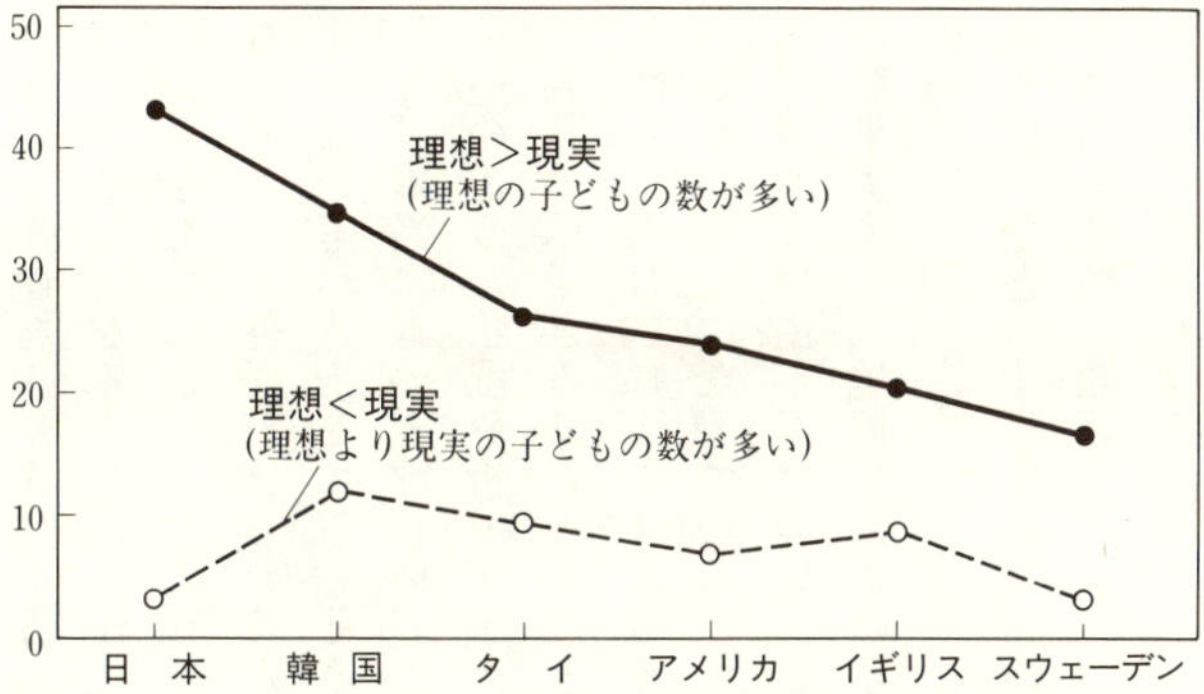

図14 子ども数についての理想と現実の差(%)
(日本女子社会教育会、1995)

このような理想と現実のギャップは、何も日本に限りません。どの国でもギャップはあります。しかし、欧米諸国では理想と現実の一致率は七〇%前後とかなり高いのに比べて、日本は韓国とともに一致率は最低です。さらに日本での不一致の大半は、理想の子ども数が現実の数より多いことも、他国と違う点です(図14)。

つまり、日本では、本当はもちたいと考えている数(理想の子ども数)よりも現実には少ない数になっている、そうしたギャップが大きいのが特徴なのです。つまり、「もっと欲しいがやめる」ということです。日本での理想と現実のギャップの大きさは、何を意味しているのでしょうか? 欲しいのになぜやめるのでしょうか? 端的にいえば、子どもをもつ価値を上回るマイナスが予想されたからだと考えられます。

子どもを産む決断をする際に、子どもの価値と同時にマイナス条件も考慮されるようになっていることをみました。住宅や経済など家庭の条件や仕事、旅行、趣味など自分の生活が、子どもをもつことによってマイナスの影響を受けないだろうか、どうしたらマイナスにならないような条件が整えられるかなどを、あらかじめ検討します。そして、それが大丈夫なら子どもをもつ選択をする、そうした事前の一種合理的な状況分析をしていることがわかりました。本当はもっと欲しい、でも、それはやめて理想より少ない数の子どもにした場合には、前述のような状況分析でマイナスの影響大、しかもそれを除去する条件が整えられない、との判断の結果とみることができるでしょう。

では、具体的にどのような事柄がマイナス条件として考慮され、理想の子ども数をもとうとしないことになっているのでしょうか？　その理由が図15です。

経済的な理由が断然多い、それに育児の心身への負担もかなりの高さです。この図は全体の結果ですが、地域や母親の学歴や職業別にみますと少し様子が違ってきます。地方より都市部では、「家が狭い」が高く挙げられること、学歴の高い母親層では「仕事に差し支える」が多い、などです。また育児の心身の負担は、八年前の調査時より全体的に増えており、以前は高学歴層に顕著な特徴だったのが、最近ではどの階層にも広く同程度にみられることは注目すべきでしょう。

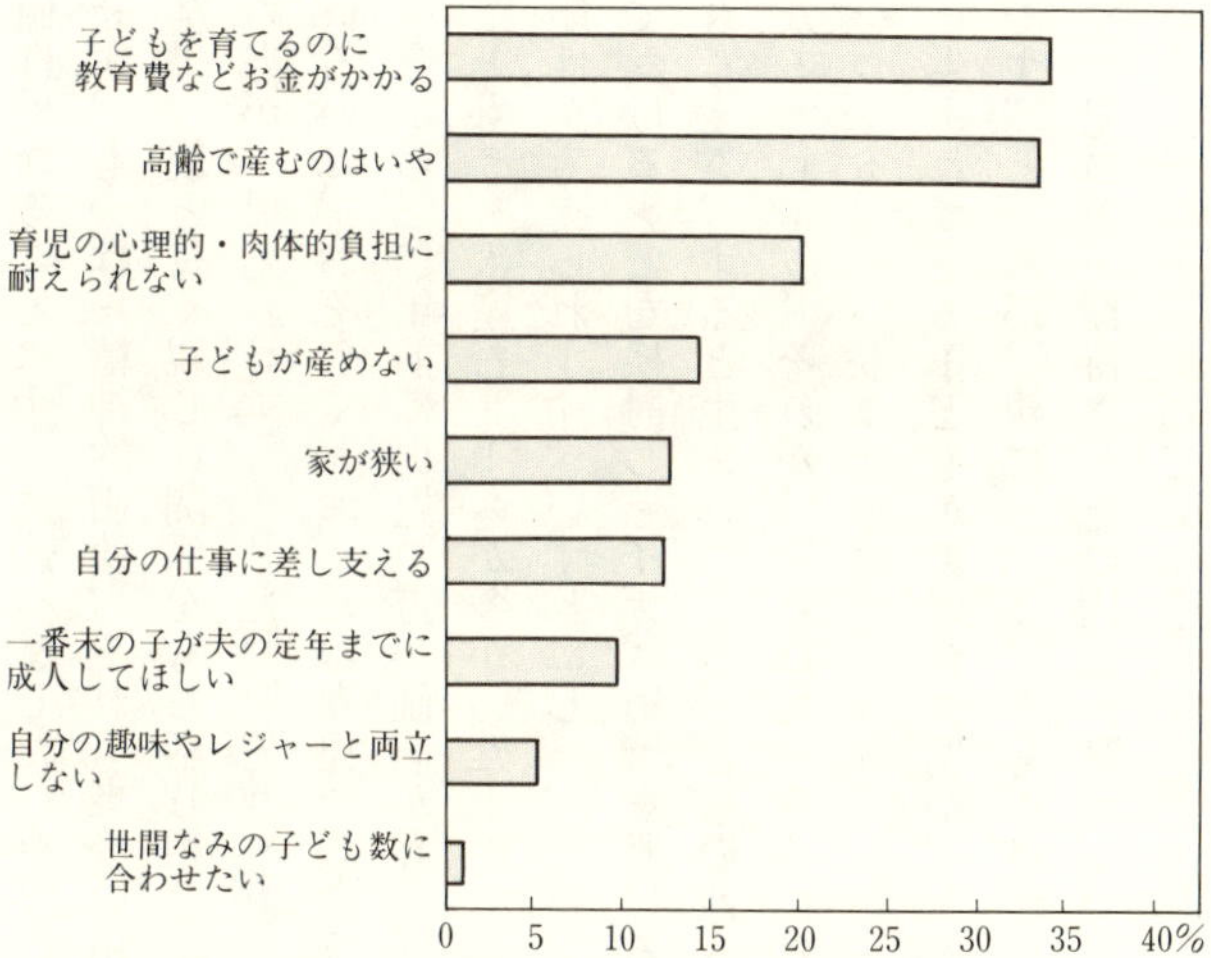

図15 理想の子ども数をもとうとしないのはなぜか？
（国立社会保障・人口問題研究所、1998）

理想より実際の子ども数が多いのはなぜ？——希望する性の子どもをぜひ、と！

日本ではそう多くはありませんが、実際の子ども数が理想の数より多いケースもあります。その場合の理由、「避妊がうまくいかなかった」はあり得るし、納得できることです。これが二四％というのは、多いのか少ないのか何ともいえませんが——。ここで注目されるのは、「希望する性別の子どもがなかなか産まれなかったから」が最多、全体の約半数を占めていることです。

親にとっての子どもの価値は決して公平ではなく、子どもの性によってその価値は異なることはすでに述べました。今日の日本では、子どもに労働や稼ぎはまったく期待せず、もっぱら精神的価値、それも老後の精神的支えが期待されるようになりました。その結果、親と長く親しい関係をもち話し相手や手伝いなど何かと力になってくれる女児（娘）の方が、男児（息子）よりも価値が高いものとなりました。ここで「希望する性」といっているのは、おそらくおおかたは女児でしょう。

今から三〇年前は男児の方が価値が高く、より期待されていましたから、上の二人が女児だともう一人産むケースが多かったものでした。今は、それと反対のことが起こっている可能性が考えられます。いずれにしろ、子どもをつくると決める際、事前に子どもをもつことで受ける影響を検討しマイナス影響を避ける条件を探るのと同時に、性別による価値の違いも考える、すると生まれてくる子どもの性もどちらがよいとはっきりした期待をもつことになるでしょう。それが叶えられない場合には、理想としていた数を超えても望む性の子どもをつくる、ということなのでしょう。

生まれてくる子どもが男児か女児か、その性別は今のところ親にはどうしようもないものです。ところが、親にとって子どもの価値は性によって違い、長期的な親の支えとしては今や女児の方が期待されその価値が高くなっています。その意味で、子どもの性は子どもの質の差の一つといえるでしょう。

子どもの質と子どもの数とは密接に関係していることを、先に述べました。子どもの質を高めるために少なく産む、つまり子どもの数を減らす、というのが一般的な経済原則です。しかし、子どもの性という質は、子どもが生まれたときに決まっていて、あとの教育では変えようがない、となれば、「子どもは二人」との一般的風潮や自分の理想としていた数に反してでも、親は望む性の子どもを求めようとするのでしょう。それは「希望する性別の子どもが生まれなかったから」と、理想の子ども数を現実の子ども数が上回っているケースでは、子どもの性という質が、親が理想とする数を無視させるほど大きな価値をもっているといえるでしょう。

子沢山の親と一人っ子の親

子どもの数には、経済コストや社会的規範からの圧力など外的な要因の影響は無視できません。「少なく産んで良く育てる」考えが浸透し、子どもは二人がほぼ定着したのには、経済原則と「二人っ子」規範への同調が背景になっていることは確かです。

しかし、前述した理想の数より現実の子どもが多い家庭もあり、「子どもの質―子どもの数」という、いわば経済原則には合致しない場合がみられました。これは決して例外ではないでしょう。子どもをもつこと＝つくること、出産が個人の意志にもとづく選択となった今日、親とりわけ母親の生き方や生き甲斐――何を生き甲斐として重要なものとするかといった人生観・価値観や好みなど個人の要因が大きく関与することになったからです。

そもそも「少なく産んで良く育てる」の場合でも、「良く」つまり子どもの質としてどのようなものを想定するかは、親ごとに違うでしょう。また子どもにどれほどの経済投資をするか、さらに育児・教育にどれほど自分の心身のエネルギーを投入するか、したいかは、人それぞれでしょう。お金であれ心身のエネルギーであれ、それを子どもに振り向ける度合は、その人にとっての子どもの価値がどのようなものか、また子ども以外のものにどれほど価値をおいているか、などで左右されるでしょう。当の女性や夫婦が何をもって幸せな人生と考えるかの人生観・価値観が、子どもを産むこと、その数に大きく関与しているはずです。

少子化といわれ、子どもは二人が定着した今も、大勢の子どものいる家庭があります。このような家庭、とりわけ沢山の子どもを産んだ母親は、そうでない母親とどのような点で違いがあるのでしょうか？　何が沢山の子どもを産んだ背景にあるのでしょうか？　前述の議論からは、多くの子どもをもつ母親は、子どもに対して高い価値をおいているのではないかと予想されます。

沢山の子どもをもつ母親にとっての子どもの価値――自分のためと社会のため

子どもを産み終えた四〇歳代と五〇歳代の約四六〇人の調査協力者中に、子どもが四～五人と、昨今では沢山の子どもをもつ母親が二五人いました。他方、子どもは一人の母親は六五人でした。四～五人もの子どもをもつ多子の母親は、何がそうさせているのか、どのようなことが背景になっているのでしょうか？ そこで、多子の母親と一人っ子の母親とを、子どもを産む際、考慮した理由、つまり子どもの価値と条件について比較してみました（図16）。

一見して、沢山の子どもをもっている母親が、一人っ子の母親よりも子どもの価値の得点がすべて高いことがわかります。とりわけ統計的に有意味なのは、「個人的価値」と「社会的価値」です。

子どもを育ててみたい、子どもが好き、生き甲斐になる、自分が成長するなど、子どもを育てることが自分にとって積極的な意味があることを認める傾向が、子沢山の親ではずっと強いのです。このような子どもへの積極的な態度が、「子どもは二人」の一般的な風潮をよそに沢山の子どもをもつことにさせたのでしょう。

もう一つ、この群で一人っ子の母親より有意に強いのは、子どもの「社会的価値」です。結婚したら子どもをもつのは普通、次世代をつくるのは人としてのつとめ、姓やお墓を継ぐ、子どもを産み育ててこそ一人前、などです。これらは、いずれも子どもを産むことを自分ではなく家とか社会など他者のためと考える、また〈結婚―性―子ども〉を必然的な連続とみ

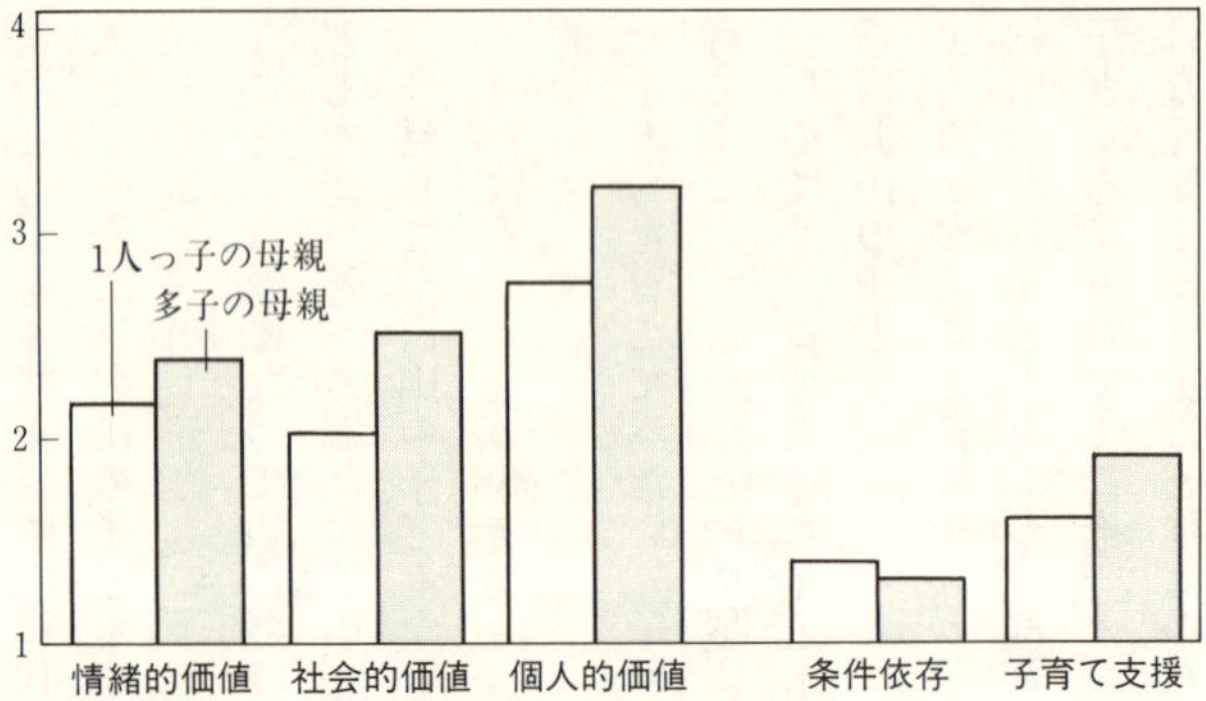

図16　子どもの数による母親の「産む理由」
多子の母親と１人っ子の母親とでは「産む理由」に差がある
（柏木・永久、1999）

る考え方で、子どもを「つくる」ことが一般的になる以前にはもっとも一般的な考え方でした。私たちの調査でも年長世代に強くみられたもので、伝統的な考えといえるでしょう。二人っ子全盛の今、四〜五人の子どもをもつ母親たちには、子どもは社会のため、そして子どもを産むのは自然・当然とみる伝統的な考え方がより強いことがわかります。

このように沢山の子をもつ母親には、子どもをもつことへの積極的な態度と社会的責任感が強く、それが子どもを制限せず結果的に多くの子どもをもつことになった背景にあるといえるでしょう。

子沢山の母親と一人っ子の母親との間には、さらに「子育て支援」についても差があり、多くの子どもをもつ母親群で高いのです。育児の助けになる人や施設が実際に得られたことも、沢山の子どもを産むのを可能にしたのでしょう。逆にみれば、一人っ子の親は、育児を助けてくれる人も施設も得られそうもなく自分だけで育児しなければならない状況を予知して、それを避けたいと考えたので、子どもは減らし一人でやめたという事情なのかもしれません。

少子の母親は「条件」を重視する

そこで、一人っ子の母親の特徴を調べてみました。すると、一人っ子の母親では、まず子どもの「社会的価値」は低い、つまり子どもを社会のため、家のために産むとは考えない傾向が強いのです。これは、子沢山の親と大きく違う点です。もう一つの特徴は、「条件依存」です。この得点そのものは他の要因より小さいのですが、子沢山の親よりも強いことは確かなのです。つまり自分の生活にマイナスの影響がないかどうかを慎重に検討した上で産む態度が、一人っ子の親でははっきりしているのです。子どもをもつのは社会へのつとめとは考えない、自分が大事にしていることを妨げられないような条件を重視して選択する、その結果、子どもは一人にした、そのような場合が少なくないといえそうです。

若い世代では、子どもを選択の対象とみ、条件を検討して決定する傾向が強まっている、子どもを社会のためとは考えなくなっている、それが特徴でした。けれども若い世代の女性は、決して子ども嫌いでも子どもに無関心でもありません。子どもは自分にとっては大いに価値ありと認めています。しかし、だからといって、無条件に子どもをもつことはしなくなったのです。子どもをもつことが自分にとってどのようにプラスになるか、またマイナスにならないか、双方を慎重に吟味した上で決める、まさに選択としての子どもなのです。このような最近の条件吟味の傾向が、一人っ子の親に鮮明に現れているといえましょう。

以上のように、沢山の子どもをもつ母親と、子どもは一人の母親との間には、子どもを産む理由に違いがあります。何人子どもがいるかは、その母親個人の子ども観・価値観を反映しているといえるでしょう。

なぜ一人っ子か？——一人っ子にした理由にうかがえる子どものマイナス価値

一人っ子の母親について、なぜそれ以上産まなかったかの理由を詳しくみますと、その特徴がもっとはっきりとみられます。表4は、もうこれ以上産まない理由として挙げられたものを多い順に示したものです。

なお、子どもが一人の場合、すべてを一人っ子の親とひとくくりにはできないことはいうまでもありません。もう一人、もっとと望みながら、生まれなくて、結果的に一人っ子になったケースもあるからです。ここで出している調査結果は、現在子どもが一人で、これ以上は産まないとあえて一人っ子にした、と明言したケースから得られたものです。

表4　1人っ子の親がもうこれ以上「産まない理由」（高い順）

妊娠出産が大変だから
自分のことをする時間がなくなる
生活のリズムを崩したくない
また子育てをするのは億劫
子どもが多いとお金がかかる
教育費がかかる
産まれてくる子どもの健康が不安
子どもが生きにくい社会や環境
旅行や外食に行きにくくなる
夫が子育てに協力的でない
子どもに十分なことをしてやれない
家が狭い
気苦労が増える
迷っていて時期を逸した
教育や受験が気が重い
子どもや子育てが好きではない
欲しい人数だけ産んだ・欲しくない
夫が今のままでいいという
夫以外の家族がいらないという

（永久・柏木、2000）

表4に挙がっているのは、いずれも子どもをもつことで自分の生活から失われそうな事柄、つまりマイナス要因です。子どものもつ積極的なプラスの価値のほか、子どもをもつか否かを左右する条件要因、マイナス要因について公然と検討できることが、「つくる」時代の特徴だと述べました。このことがもっとも顕著になるのが、一人っ子の親の場合であり、ここ

表5　第一子でやめる際に重視した理由―60歳群と40歳群の場合

60歳世代

＊社会や地球環境が、子どもが生きよい環境ではないから
＊アレルギーや障害など、生まれてくる子どもの健康が不安
＊以前の妊娠・出産が肉体的に大変だった
＊子どもが多いと、一人の子どもに十分なことをしてやれない
＊子どもは欲しい人数だけ産んだから（＝一人でいいと考えていた）

40歳世代

＊自分のことをする時間がなくなる
＊自分の生活のリズムを崩したくない
＊また一から子育てを始めるのは億劫だった
＊アレルギーや障害など、生まれてくる子どもの健康が不安
＊社会や地球環境が、子どもが生きよい環境ではないから

（柏木・永久、1999）

では子どもをもつことと母親個人の生活とが冷静に比較検討されているということでしょう。子どもは絶対的価値を失い、母親個人の生き方と深く関わって選択される相対的なものとなったのです。それは一人っ子の親に限らず、程度の差はあれすべての母親に通じることです。一人っ子の親には、その事情がもっとも鮮明に現れているのです。

ところで、同じ一人っ子の親でも若い世代と年長の世代とでは、上位に挙げている理由が違います（表5）。

いずれの世代の母親も、子どもをもつ上でのマイナス条件を考慮している点は同じです。しかし年長世代では、環境要因についてが主であるのに対して、若い世代では自分のことについてが上位に挙げられています。若い世

代ほど、子どもや子育てと自分の生活とを比較検討するようになっている様子が、ここからもうかがえます。

経済的負担、時間的負担、心理的負担——どれが強いか

先に挙げた「産まない」理由には、さまざまなものが含まれています。いずれも親にとっての負担要因ですが、三種のものに区別できます。教育費がかかる、家が狭い、旅行や外食にいきにくくなるなどの経済的負担、子育てをするのは億劫、生活のリズムを崩したくない、自分のことをする時間がなくなるなどの時間的負担、それに、生まれてくる子どもの健康が不安、社会や環境が子どもに生きよいものではない、気苦労が増える、などの心理的負担です。

一人っ子の母親と多子の母親の育児の負担感をこの三種別に比べてみますと、興味深い差がみられます（図17）。

子どもが多い母親では経済的負担が最大だといい、その負担感は一人っ子の親よりも大きいのはもっともな結果でしょう。何といっても子どもの数は、経済的負担増に直接つながるものですから。

ところがここでちょっと不思議にみえるのは、時間的負担についてです。それが、一人っ

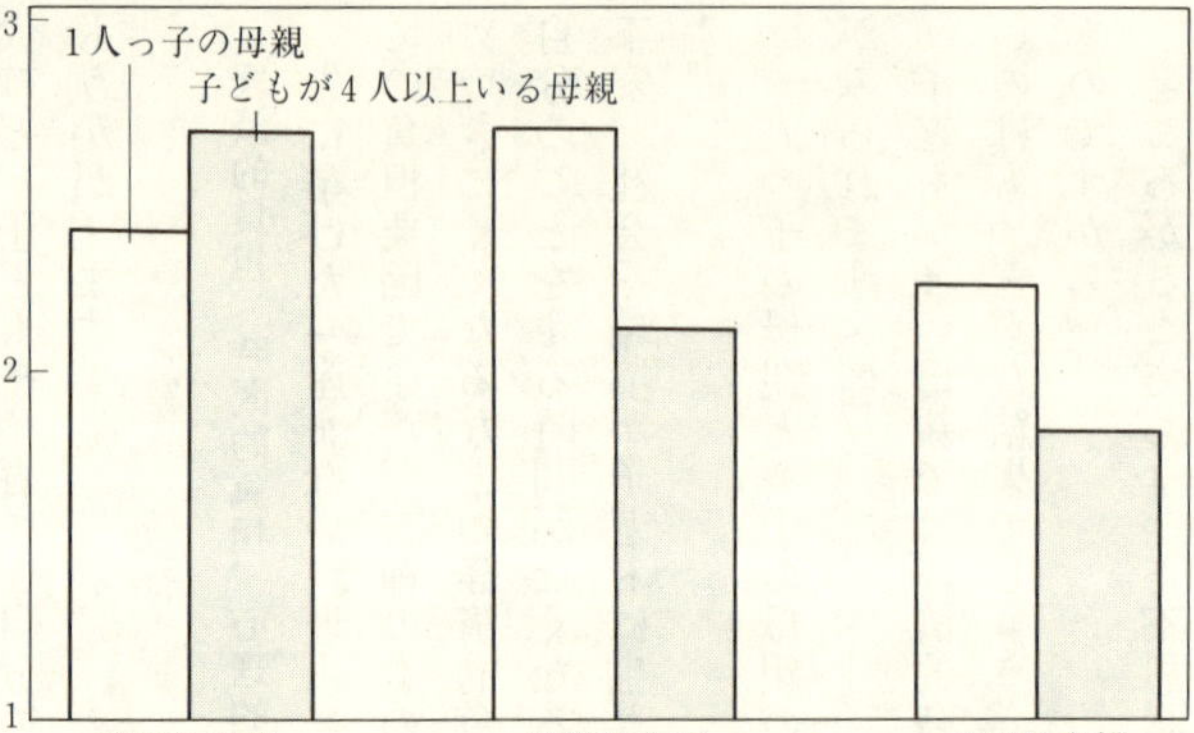

図17　1人っ子と多子の母親では負担と感じるものが違う
時間か経済か心理的負担か　（柏木・永久、2000）

子の親の方で大きいのです。しかも時間的負担は、一人っ子の親にとっては他の負担を上回る最大のものなのです。経済と同様、子どもにかかる手間ひまは子どもの数によって違うものです。子どもが多いほど、その世話により多くの時間がかかっているはずです。ところが、子どもが多い母親よりも一人しか子どもがいない母親の方が、時間的な負担感が強いのです。実際にかかる時間はおそらく短いにもかかわらず、より大きな負担に感じている。これは、一体、なぜでしょうか？

時間的負担感とは、子どもに時間がとられてしまって時間がないということですが、これは子どものこと以外に何かやりたいことがあればあるほど強く感じるものです。一人っ子の母親は、多子をもつ母親以上に子ども以外のことへの関心が強く、自分のための時間が欲しいと思っているのでしょう。そのことが、一人の子どもに費やす時間は実際には短いにもかかわらず、それを負担だと感じさせることになっていると考えられます。

4 母親の学歴と職業の意味

母親の学歴によって微妙に違う負担感――経済か時間か

ところで、何を負担と感じるかは単純ではありません。時間の負担が、単純に子どもの数の多少によって決まらず、むしろ逆に一人っ子の親の方で強く感じられていたのをみましたが、母親の学歴や職業の有無によっても、さらに微妙に違ってきます。

現在の子ども数以上もう子どもを産まないとした母親に、その理由を学歴別にみてみますと、どの負担感が強いかが学歴によって違っています（図18）。

高卒群では、経済的負担が他の二種の負担を大きく上回って強いのですが、大卒群では、時間についての負担感は経済的負担感と同じぐらい強いのです。これには、母親の学歴によっておそらく家庭（夫）の収入にも差があることが関係しているでしょう。つまり高学歴層では経済的負担感が低いのは、夫の収入が高いことも一因でしょう。もう一つ、無視できないのは、高等教育を受けた母親層では、子育て以外の関心が強く時間をそれにかけたい、自

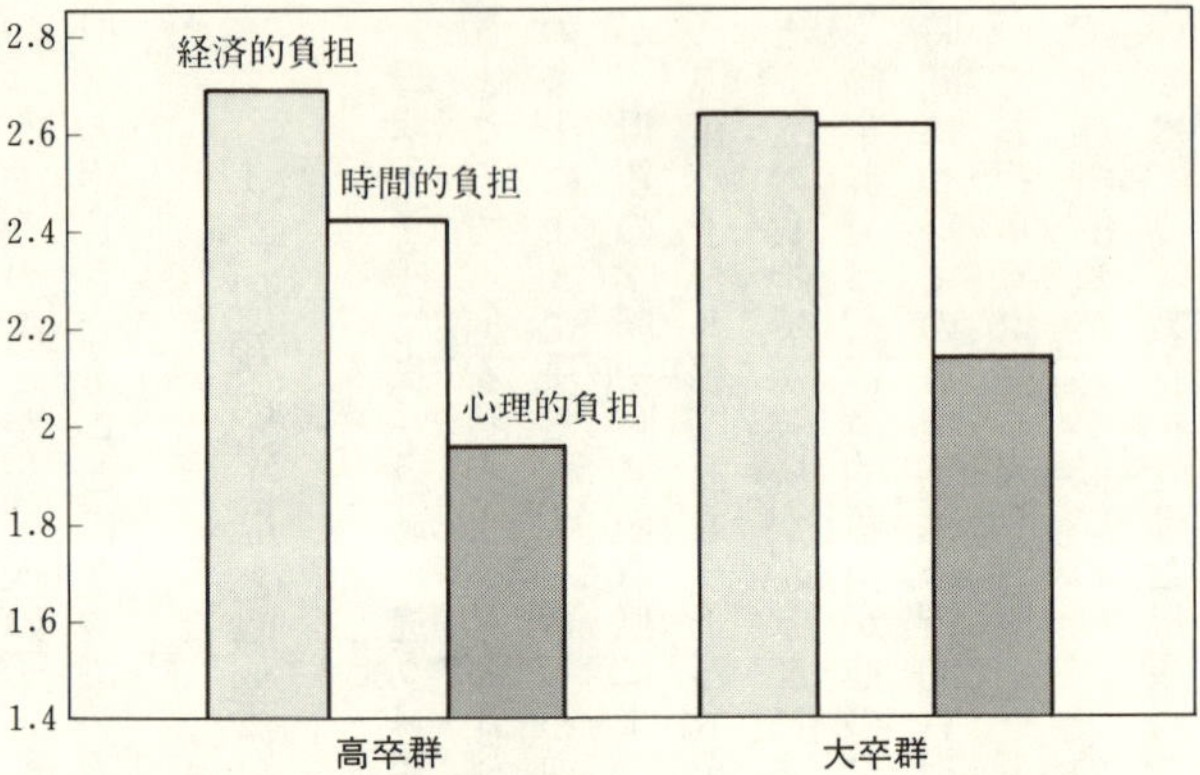

図18　高卒群と大卒群の負担感　（永久・柏木、2000）

分自身の関心や力を充たしたいといった傾向が強くなることです。けれども、それは現在の子育て中心の生活ではできない、家庭生活では充たされない、そうした葛藤が、子育ての時間を負担だと感じさせているのでしょう。

子どもを産む選択をする際、高学歴の母親は「条件依存」要因をより強く重視する傾向がありますが、これも高学歴の母親が子どもと自分の関心とを比較検討している様子と、子育てと自分との葛藤が強いことを示唆しています。

時間的な負担感とは、裏返してみれば母親が育児以外の活動への関心の強いことの反映です。その意味で、時間的な負担感はすなわち母親の生き甲斐や動機など心の問題であり、心理的負担の別な現れといえるでしょう。

有職の母親にとって育児の負担は？

さらに複雑、微妙なのは職業の有無による差です。

素朴に考えれば、職業をもっていれば忙しく、時間的負担を強く感じているにちがいない、しかし収入があるのだから経済的負担は低いだろう、と予想されます。ところが、結果はそう単純ではありません。

フルタイムで仕事をもっている母親と無職つまり専業の母親とを比べてみますと、経済的負担感には差がありません。しかし、これを学歴別にみると、違ってきます。大卒群では、無職の母親の方が予想どおり経済的負担感は強いのですが、高卒群になるとこれが逆転します。有職の母親の方が、経済的負担感を強く感じているのです。これは、母親が働くことの意味が、学歴によって違うからでしょう。低い学歴層では、家庭の低収入を補うために母親が働くことが多い、だから働いていながら経済的な負担感を強く感じるのでしょう。それに対して高学歴層では、その夫の収入は概して高く、その上、妻（母親）も職業をもつことで経済的なゆとりがある、そのために経済的負担感は低くなっているのでしょう。

一般に、母親―妻が職業をもつことがどのような意味をもち効果をもつかは、家庭（夫）の経済状況や母親の学歴によって微妙に変化します。子育ての負担感についても、同様なのです。

「時間が欲しい」の意味——子どもとは別な時間、空間、世界をもちたい

さらに興味深いのは、時間的負担感についてです。全体的にみれば、職業をもっている母親の方が時間的負担を強く感じてはいます。ところが学歴別にみますと、有職で負担感が強いのは高卒群で、大卒群では反対に無職の母親の方が時間的な負担を強く感じているのです。

これは、一見、不思議な現象に思えます。職業をもたず専業で育児をしているのに、時間の負担を強く感じるのはなぜでしょうか。おそらく高学歴で職業をもっていない場合、育児以外のことをしたい気持ちが強くなります。そして自分のための時間が欲しいと思う、けれども育児を一任されている生活のなかでは自分のしたいことはなかなかできず、自分のための時間はほとんどもてません。このような葛藤が高学歴層では一層強いと考えられます。高等教育で養成された能力や関心、意欲などは家事・育児だけでは不完全燃焼になってしまうからです。ここからも、時間というものが単に物理的なものではなく、自分がしたいこと、そのための時間という、まさに心の問題と密接につながっていることがわかります。

ある育児用品会社が、子育て真盛りの母親たちに「今一番困っていることは?」と尋ねたところ、断然トップは「子どもがなかなか寝てくれない」だったそうです。これは、お母さん方が子どもが睡眠不足になる、これでは病気になってしまうだろうなどと心配してのこと

ではないでしょう。子どもが寝ている間に、これもしたい、あれもしたい、子どもにわずらわされずにしたいことがあるのに——、そうした時間が欲しい、と願ってのこと。子育て中の母親たちが、自分だけの時間をいかに切望しているかをうかがわせる結果です。時間的負担感や時間が欲しいとの切実な願いは、母親たちが子どものこととは別な自分の世界をもちたい、自分の能力を発揮し関心を充たしたいとの願いの反映、それが満たされない葛藤の現れといえるでしょう。

5 〈子どもをもたないこと〉の価値

子どもをもたない人生の選択

さて、子どもは社会的責任ではなく自分の選択の対象となり、子どもの積極的な価値と同時に子どもをもつことのマイナス条件も重視する態度が、若い層、一人っ子の親を中心に強まってきていることをみてきました。受胎調節の普及によって結婚—性—生殖が分離し、リプロダクティヴ・ライツが提起された今、それは必然的な流れです。このような子どもへの態度は、子どもをもたないという選択をした人々ではもっと鮮明でしょう。

子どもをもたない生き方は、子どもをもつのは自然・当然、さらに人としてのつとめ、女性として一人前という伝統的な価値とは正反対のものです。結婚した女性は「お子さんは？」「まだ？」「どうした？」といった言葉をかけられる、子どもがいないと「自由でいいね」「優雅でいいわね」などと皮肉をいわれることが稀ではない由です。こうした言葉は、子どもが欲しいと思っているのに生まれない女性を追い詰め苦しめることになっています。また子どもをもたない選択をした、そうしようとする女性にとっても、迷惑かつ不当な圧力となっています。このことは、日本の社会がいまだに「結婚―子ども」を当然のことと見、子どもを産めない、産まない女性を認めない社会であることを物語っています。

“Childless by choice”――子どもと自分の人生を比較検討する

このような風潮にもかかわらず、子どもが生まれないのではなく、産まないことをみずから選択した女性、カップルがいます。DINKS（ディンクス：Double Income No Kids）といわれる人々です。自分中心のわがままな人、贅沢なカップルといったニュアンスで語られる向きもあります。しかし、それはあたらないでしょう。

現に子どもをもっている人々も、子どもを他の価値と比較し、子どもをもつことが自分にとってできるだけマイナスにならないような条件を探って子どもを選択しているのです。子どもの価値を相対化し「条件依存」という点で、子どもをもつ選択をした人ともたない選択をした人とで、基本的な差はありません。子ども以外の価値をより重視したかどうかの違いだけで、どちらもその人の意志、選択なのですから。『私らしさで産む、産まない』という本のタイトルは、そのことを端的に表しています。

親からも同僚からも、子ども、子どもとの圧力を受けながら、子どもをもたない人生を選んだある女性は、そのいきさつを次のように語っています。

「私たち（夫婦）にはそれぞれ一生をかけて追求し実現したい夢がある、それを叶えることが人生で一番の目的——、そのためにはそれ以外のものは『何ももたない』選択をした、『女の幸せ』より『私の幸せ』を選択した」と。

このことは、子どもをもたない生き方を選択したカップルへのインタビューからも、うかがえます。「二人ともどうしてもほしいもの以外はいらないっていうのがあるんですよ。——そうやって吟味していくと、子どもも本当にいるんだろうかってところに行きついちゃうんですよね」「専業主婦にだけはなりたくなかったの。育児をしながら働ける環境って、まだ整っていない——働きながら育児をしている人のたいへんさをみているだけに、そこまでしたくないの。そうなるとどっちをとるかっていったら仕事なんだよね」「子どもがいると、俺がいて彼女がいて、間に子どもがいるわけじゃない。すると、切れちゃうような気がする。——かすがいじゃなくて、くさびみたいになっちゃって——今までダイレクトに話していたのが迂回して話さないといけないのかなって――」（吉田あゆみ『「子供を持たない」という生き方――なぜほしいの？　ほしくないの？』ダイヤモンド社、一九九八）

ここには、女性やカップルが、自分の生き方、生き甲斐、仕事や性格などとの比較検討の末に、子どもは選択せず別な価値を選んだ事情がリアルに語られています。

どのケースにもほぼ共通するのは、一言でいえば「自分」へのこだわりです。これは若い層、一人っ子の親にもみられたことです。子どもをもったとき予想されるマイナスを、経済的条件についても時間についても自分のしたいことと比較検討してのことでした。その検討の末の一つの結論が、産まないという選択となったのです。ここには、子どもをもつことはプラスの価値以上にマイナスの価値が大きいとの判断と、子ども以上に自分が価値をおくものがあるという認識があります。子どもの価値ならぬ「子どもをもたないことの価値」があり、それが子どもの価値をしのぐ、より大きな価値なのだといえるでしょう。

しかし、この人々すべてが必ずしも子どもに低い価値しか認めていないのではないでしょう。女性が子どもを産み育てることと同時に、自分の価値をおく人生を実現することが、日本の社会では両立しがたい、どちらかの選択を迫られる、そうした日本の現状を物語っています。

アメリカには、Childless by choice と明言しているグループがあるそうです。子どもが生まれないのではない、自分から子どもをもたないことを主体的に決めた人々です。前述の人々も、まさにChildless by choiceですが、日本ではそう明言しにくい風土があります。子どもをもつのがあたりまえ、子どもがいて一人前という風潮が、日本の社会では今なお強いからです。それは、女性の人生に対する不当な圧力ではないでしょうか。

4章　人口革命下の女性の生活と心の変化
——子どもの価値・産む理由の変化の背景

1 「女性の幸福＝母親の幸福」の終焉

前章までで、①子どもを産むことが結婚―性の必然的結果ではなく個人の選択の対象となったこと、②産む選択・決定をする際、＊社会や家のための価値や女性は産むのが当然との考えは若い世代では後退し、＊子どもが自分にとってもたらす価値、＊自分の生活がマイナスにならないような条件、この双方を検討する方向へ変化してきていることをみました。

第一の変化は、何といっても医学の進歩のおかげです。乳幼児死亡率の低下つまり少死となったこと、それに受胎調節技術の普及によっています。産めば確実に育つ保障の上で、子どもの数や産む時期を決定し、それに合わせて受胎調節をするようになったのです。端的にいえば、科学（医学）技術の進歩が結婚と性と生殖とを分離し、子どもを産むことを選択の対象としたのです。

第二の変化――その決定にあたって、社会や家のためではなく産む女性自身にとっての価値と自分にマイナスにならない条件を探る、女性の心の変化の背景は何でしょうか？

「最近の母親はわがまま」「母親失格」か？

最近の母親が子どもを産む決定をする際に「自分」への強いこだわりを示し、子育て中も子どもと自分とが葛藤する様子をみました。こうした傾向に、「仕事、仕事でなかなか子どもを産んでくれない」という夫や親たちの嘆きや、またかわいい子どもがいて生活にも不足はないはずなのにどうして不安なのかといった非難をよく耳にします。子どもはかわいいではないか、子育ては意義ある仕事だし、それはほんの一時のことだろうが、などと説得しようとします。

こうした非難はあたっているでしょうか？　説得は有効でしょうか？　答えはノーです。子産みの決定時や子育て中の母親の心理に共通するのは、一言でいえば女性における「自分」へのこだわりです。どうしてこれが最近強くなったのでしょうか。それは、単に当の女性個人がわがままとか「母性」がないといった問題ではありません。女性がそう変化せざるを得なくなった、必然的な理由があるからです。

人間の心と行動は状況によって変化する——母親も変化する

人の心や行動というものは、常に一定でも普遍的なものでもありません。同じ人間でも状況が変わればその態度や行動は変化しますし、違った環境に生育した人の行動や性格などは別な環境に育った人とは違った特徴をもつようになることも、よく知られた事実です。人の心や行動は環境・状況のなかで育まれ特徴づけられる、これは人間心理の基本的特質です。子どもに対する親の心、愛情や子どもへのしつけについても、例外ではありません。

　このことは一般論としてはわかっていても、身近なところで起こっていることについてはなかなかそうは割り切れず、とかく非難になりがちなものです。先にアンナ・マグダレーナ・バッハの例を挙げて、親の子どもへの愛情やふるまいが当時はどのようであったか、今日の私たちのものとはどんなに違っているかをみました。子どもは親の意志や選択によらず「授かる」ものとして誕生する、また生まれてもたちまち死んでしまうはかない子どもの命に対して、当時の親は自分たち人間の無力さに比して人知を超えたものの絶大な意志と力への畏敬と従順の念を強く抱き、悲しみの感情を抑えたのでした。そうすることによって、不可抗力なたび重なる愛児の死の悲しみにかろうじて耐えることができたのでしょう。過酷な状況をなるべく傷少なくやり過ごす、一つの適応的な対処のしかただったのです。

　今、女性、母親に起こっている心や行動上の変化も、かつてない大きな状況変化に直面し、これまでのしかたでは済まなくなった、変化した状況に即した新しいものを編み出そうと適応的な生き方を求めての動きとみることができます。科学技術の進歩は否応なく子どもを選択の対象へと変化させたのと同時に、女性の心と行動も変化を余儀なくさせました。急激な社会変動も、女性の変化を一層加速させました。

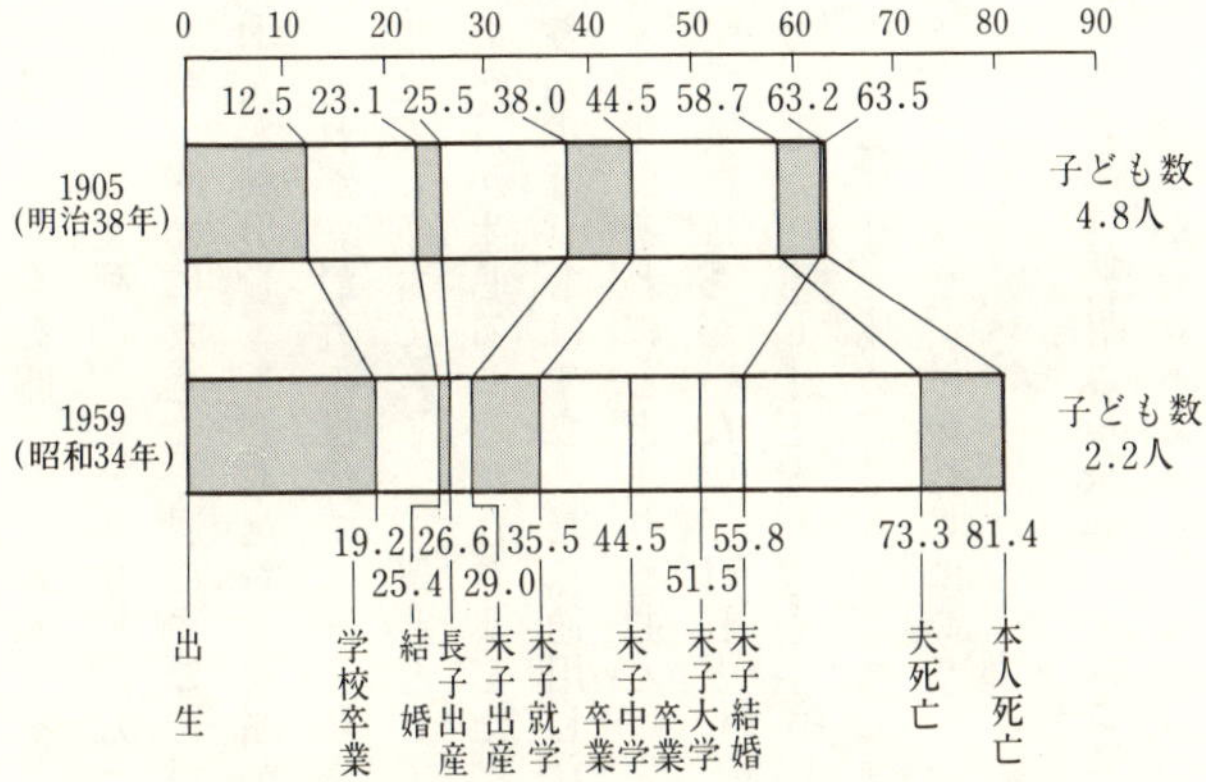

図19　対照的な二世代の女性の一生　（井上・江原、1999）

人口革命という社会変動——女性の心を革命的に変化させた

変化を促したものの第一は、「少子・高齢化」といわれる人口動態上の変化です。「少子・高齢化」は、単に子どもの数と命の長さという数値の変化にとどまりません。日本人の生活と心の質を決定的に変化させました。とりわけ女性に対して衝撃的な影響をもたらしました。

図19は、一九〇五年生まれと、一九五九年生まれ、つまり最近の親世代にあたる女の一生です。

まず寿命が六四歳と八一歳と、約二〇年も違います。次に注目すべきことは、長さが大違いの一生の間に、産む子どもの数がまるで違うことです。これは、その女性が子育てにどのくらいまでかかるかの違いをもたらします。一九〇五年生まれの世代の女性は、子どもを四〜五人産み、その子どもたち全員を育て上げたのとほぼ同時に、自分の寿命もつきて死ぬ、これが平均的な一生でした。つまり女性の一生＝母親の一生であり、母親として幸せに大過なく過ごすことができれば即、その女性は幸福な一生となったのでした。本人も満足し、子どもたちや周囲からも感謝され賞賛されました。

それが、最近の世代では一変しました。子育て期間は、長くなった一生のごく一部に過ぎません。子育て終了後、母親としてだけでは時間的にも心理的にも大穴があいたも同然の長い年月が生じることになりました。女性の一生＝母親の一生、女性の幸せ＝母親の幸福という図式は、もはやまったく通用しなくなってしまったのです。

変化はそれにとどまりません。生活の変化は、心の変化を招きます。子どもは女性にとって重要にはちがいない、けれども子どもだけに生き甲斐や幸せを見いだすことはできなくなりました。もし子どもだけを生き甲斐としていたら、巣立っていったあとも子どもに不当に介入して子どもの自立を妨げてしまうでしょう。またそんな親は、子どもからうとまれてしまうでしょう。母親たちはこうした予想を余儀なくされました。

空の巣症候群と育児不安——人口革命にどう対処できるか

子どもが巣立ったあと、もぬけの空のように鬱《うつ》や無気力、自暴自棄などになったりする空《から》

表6　三世代の母親における育児中の感情
―最近の母親に強い育児不安―（%）

	67.2歳世代		54.0歳世代		31.5歳世代
何となくいらいらする	34.0	＜	57.1	＜	83.7
自分のやりたいことができなくて焦る	24.0	＜	40.0	＜	69.4
育児ノイローゼに共感できる	4.0		11.4	＜	59.2

＜、＞、p＜.01で有意差あり　（大日向、1988より）

の巣《す》症候群は、ライフコースが変化したのに子どもだけに生き甲斐を賭けてきた母親の悲劇です。最近は、空の巣症候群は以前ほど耳にしなくなりました。それに代わって広まってきたのは、子育て中の母親の育児不安です（表6）。

年配の世代では少ないいらいらや焦りが、若い世代ほど強くなっています。今、自分はそうではないけれど育児ノイローゼになる気持ちがよくわかると、若い世代の多くの母親が共感しているのです。このまま育児だけしていたのでは空の巣になりかねないことを予見し、それを避けたい、そのためには子どもや育児以外に心身のエネルギーを燃焼させる場や生き甲斐がどうしても欲しい、必要だと感じるようになったのです。けれども、任せられた子育てでがんじがらめになっていて、したいことができずにいらいらする、どうにも出口が見いだせない、それがこの育児不安の内実です。

母親にとって子どもは一心同体か？——子どもはかわいい、でも自分と対立する「他者」

このような母親の心理を、この頃の母親はわがままだ、子どもをないがしろにしている、などと非難できるでしょうか？　育児だけに生き甲斐を見いだせない、ほかにしたいことがある、そうでなければ自分の一生は幸せにはなれない、このような女性の心には十分な理由があるのです。女性の一生＝母親の一生、女性の幸福＝母親の幸福という図式は、通用しなくなってしまった、この状況変化が女性の心を変化させたのです。

子どもは母親の分身、母と子はいわば一心同体だといわれます。それは日本の母親の特徴だともいわれてきました。ところが、今、実際はそうではないのです。

乳幼児の母親と父親に、子どもや育児についてどのような感情を抱いているかを調査したところ、子どもはかわいい、育児は有意義な仕事だ、などの子どもや育児に対する肯定的な感情は、母親と父親ともにもっとも強いものでした（図20）。これについては、父親と母親とで大差ありません。ところが、子どもがいるとやりたいことができなくて焦る、親であるために自分の行動が制限されている、子育ては負担だなど、子どもや育児に対する否定的な感情は、母親にずっと強い、それが父親ではきわめて低いのです。つまり母親は子どもや育児に対して肯定、否定両感情に揺れているのです。さらに注目すべきことは、子どもは「自分の分身」という一体感は、何と母親より父親の方が強いことです。

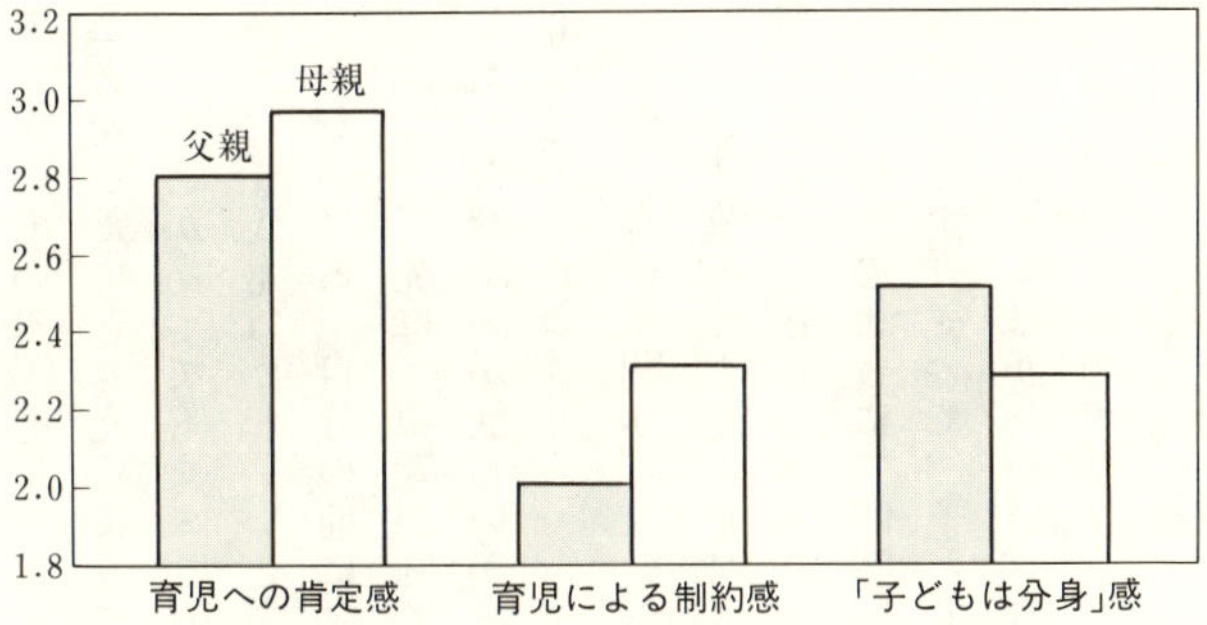

図20　父親における子ども感

子どもとの一体感は父親の方が強い　（柏木・若松、1994）

このデータは、一見、意外に思われるかもしれません。何といっても女性は子どもを身ごもって産んだ、それにいつも子どもと一緒にいる、そんな母親に父親はかなうはずがない、母親は子どもと一心同体にちがいないと思われるでしょう。母子心中を無理からぬことと同情さえするほど、母親は子どもと一体だと考えられてもきたほどですから。

ところがこのように調べてみますと、それが逆なのです。父親の方が子どもを自分の分身と思い、否定的な感情をもたず子どもと一体的な心理なのです。しかもさらに詳しく調べてみますと、父親のなかでも育児にほとんど関与しない父親ほど、子どもとの一体感が強いこともわかりました。

これは一体、どうしてでしょうか？　最近の母親たちは子どもや育児だけではもはや駄目だとわかっている、このままでは空の巣症候群に陥ってしまうと危機感を抱いている、そこで育児以外のことに何か自分の打ち込めるもの、生き甲斐につながることをしたいと考えるようになりました。ところが、育児の全責任を負っている母親は、したいことがあってもままなりません。一時も放ってはおけず自分だけの時間はもてません。確かに子どもはかわいいと思う、育児は大事だと思っている、でも、子どもは自分のしたいことを妨げる、自分の前に立ちはだかる存在。子どもは母親にとっていわば「他者」でもあるのです。先に、母親が強く感じる時間的負担は、すなわち心理的な負担であることをみました。なぜ時間が欲しいか、それがなぜ心理的な負担や不満になるか、それは前述のような事情だからです。

日頃、育児に関与しない父親は、このような葛藤を体験することはありません。もちろん、仕事は大変、また忙しいでしょう。けれども、自分だけの時間をとる自由はあり、仕事外の楽しみもないわけではありません。子どもとはごく短い時間、せいぜい遊び相手になるぐらいで、母親のように二四時間、子どもと一緒でその世話万端をすることはまずないのが大方の父親です。従って、子どもと自分との対立を感じるようなことはほとんどありません。だから、子どもはかわいい、育児は大事、そして子どもは自分の分身、といった甘い思いを抱くことができるのでしょう。このデータは、このことを示唆しています。

2　〈結婚―性―生殖―育児〉セットの崩壊と女性の心理

人類の悲願は達成されたが――

思えば、〈結婚―性―生殖〉という連鎖、それに加えて育児という四点セットは、長いことまさに女性の一生でした。男性はこのセットの前半二つでほぼ終わり。産むのも育てるのも女性のことでしたから――。この四点セットが崩壊し、それだけで長くなった女性の一生を埋めることはできなくなりました。女性の人生をそのように変化させたのは、人類です。生まれた子どもの命は間違いなく育つ、受胎を思うがままにコントロールできる、長命となった、これらはいずれも人類がよかれと願いつづけてきたこと、それが科学・医学の進歩によって達成されたのです。人類の長年の悲願が叶った、それが今日です。

先に、江戸時代には女性の死亡率が男性を大きく上回っていたことをみました。二〇歳から四〇歳にかけての妊娠・出産のピーク時期に、出産で命を落とすことが多かったからでした。今日、ちょうどその時期、望まない妊娠を避けることによって、女性は心身の健康や生活上の利便を得ています。避妊技術・知識の普及とその市民権確保は、女性の心と生活にとってきわめて大きな出来事でした。避妊―「つくる」の確立は、自分へのこだわりをクローズアップさせ、それが女性の心と生活をゆるがせ変化もさせることとなりました。

多くの母親たちが育児不安を抱え、子どもへの肯定、否定両感情にゆれながら、母としてではなく個人としての生き甲斐を模索しています。それは、人類がよかれと作り出した少子高齢という事態が女性たちに提起した難問に格闘している姿です。

「母として」「妻として」よりも「個人として」生きたい

子どもをもつ既婚女性に、現在の「自分」がどのような側面をどれほどの割合でもっているかを尋ねますと、「家庭人としての自己」「社会人および職業人としての自己」「個人としての自己」それぞれに、図21のような比率だと答えます。さらに、理想としての「自分」はどうかを尋ねますと、現実とはだいぶ違います。現在より減らしたいと思っているのは「家庭人として」が最大、逆に、今よりももっと増やしたいとしているのは「個人として」です。この結果は、現在、職業をもっているかどうかに関わりなく既婚女性全般に通じる傾向でした。

このように、女性たちは母として妻としてだけではなく、一人の個人として生きたいと強く願っています。八〇年余に及ぶ長い一生のうち一～二人の子育てはほんの一時、また夫との生活だけに依存することも危うくなりました。女性＝母親・妻ではもはや幸福な一生とは

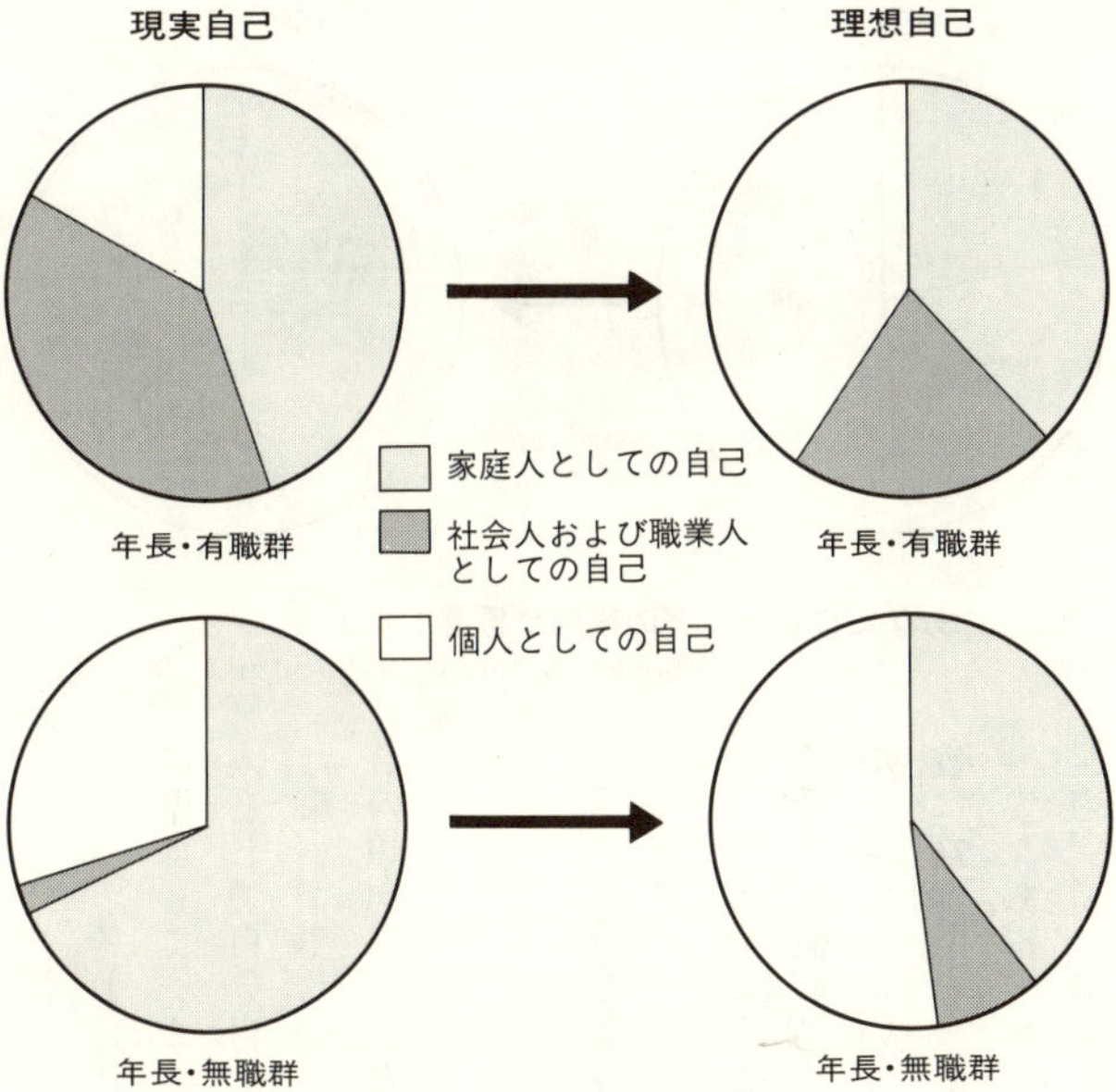

図21　自分にはどのような面があるか？　理想は？
（上野、未発表）

ならなくなったことを直視しないわけにはいかなくなったのです。そこで女性たちは母親としてでも妻としてでもなく、一人の個人として生きねばならない、そうしたいと願うようになりました。こうした心の変化は、人口革命に直面した女性たちが出した結論、必然的な結論といえるでしょう。

一九七八年と一〇年後の一九八七年に、「あなたにとって『母親』『妻』『女性個人』のうち、どの役割が重要ですか」との質問調査を行った結果があります（図22）。

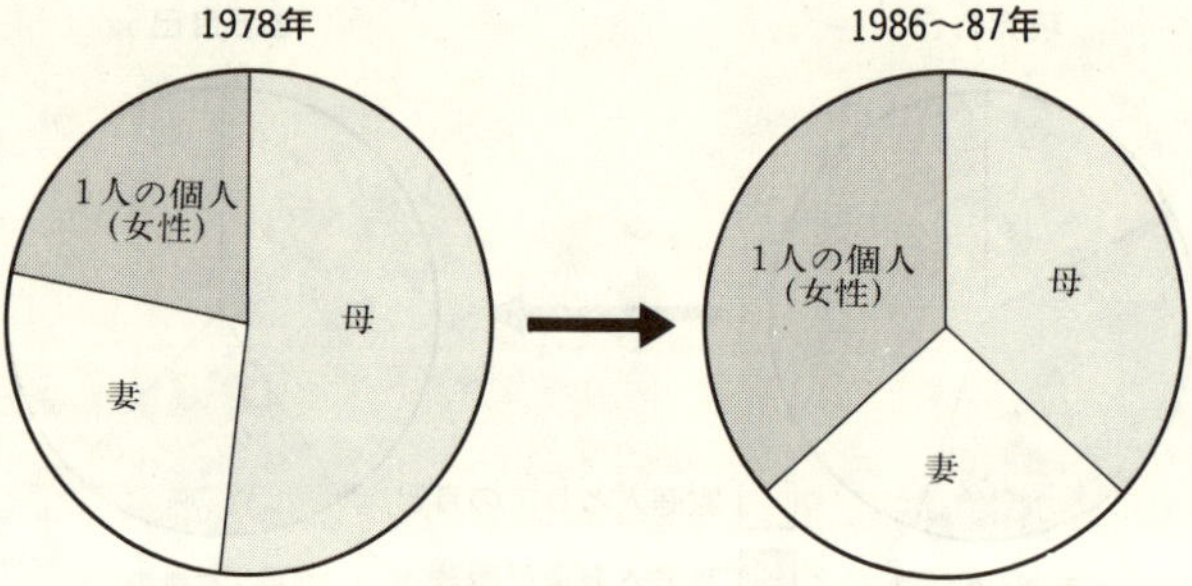

図22　あなたにとってどの役割が重要ですか
(Schooler & Smith 1997, Suzuki 1986, 87)

一〇年の間に母親、妻など家族役割を重視する割合は減少し、それに代わって「個人」が重要とする率は大幅に増加しています。日本の女性たちが、家族役割から個人として自分自身の生活を増やしたいと願っている、また事実増やしつつあることが、ここからみてとれます。この傾向は、このデータから一〇年余経った今日、一層強まっていることでしょう。

家族のなかの個人化――夫婦といえども「私は私」

これまで、家族は強い絆で結ばれた一体のものとされてきました。しかし、その家族のなかにも、家族メンバーそれぞれが個人としての時間的・空間的・心理的世界があってもよい、あるべきだと考える傾向がみられるようになってきました。家族の個人化への志向です。

妻たちに、＊家族のなかにどのくらい個人としての心理的空間を求めているか、＊夫婦は一心同体だと思うか、

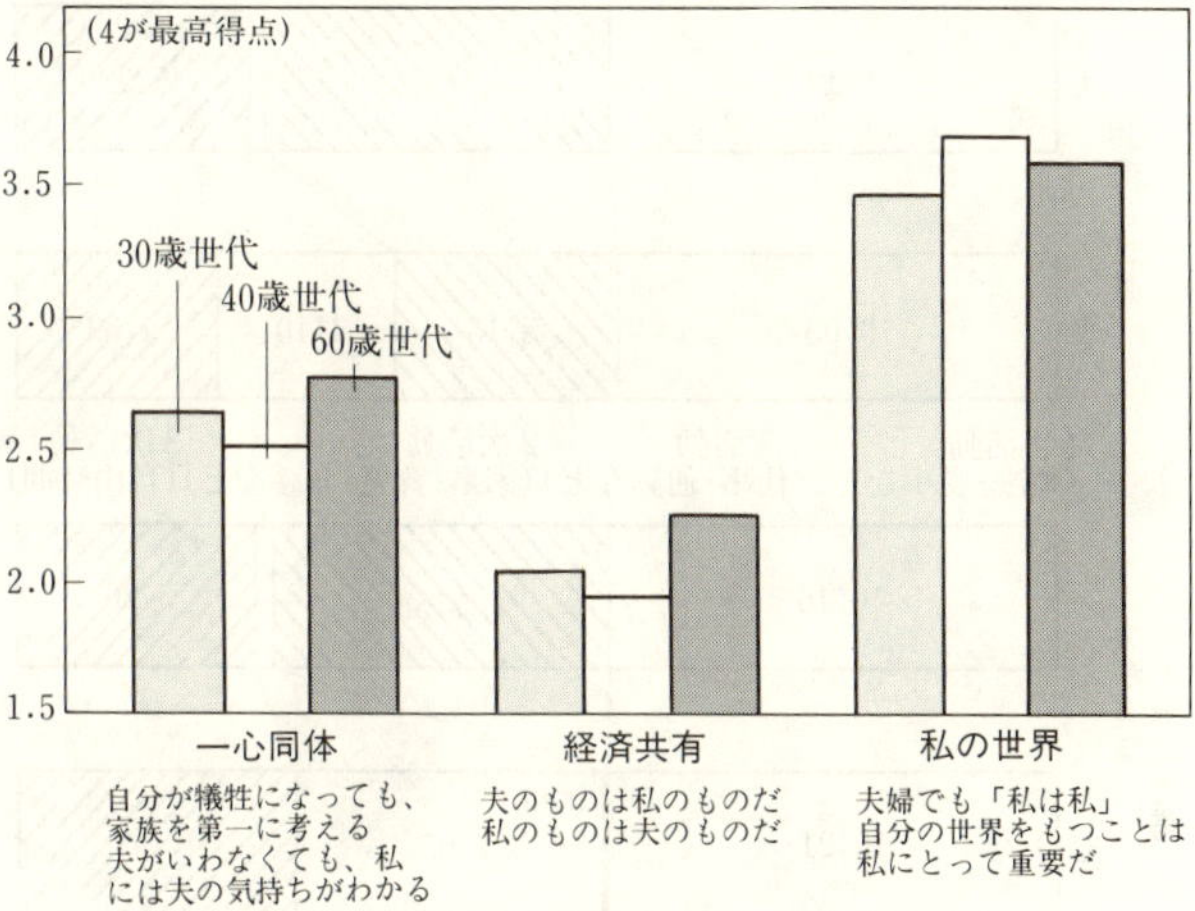

図23　夫婦は一心同体か、夫婦といえども「私」は「私」か
（柏木・永久、1999）

＊夫の喜びは私の喜びなのかどうか、などを尋ねてみました（図23）。その結果をみますと、夫婦一体感は六〇歳世代では強いのですが、四〇歳世代では有意に弱まり、夫婦といえども「私は私」との意識が強くなっています。さらに、家族のなかでも私個人の世界をもちたいという気持ちは、どの世代でも大変強くみられます。

夫婦といえども「私は私」という意識は、夫婦の間では黙っていてもわかりあえる、あ・うんの呼吸でいくという、これまでよくあった日本の夫婦関係とはだいぶ違います。少なくとも女性たちは世代を超えて、夫婦といえども「私は私」と考えている事実は注目してよいでしょう。先頃、夫婦別姓の議案が廃案になったとき、別姓にする

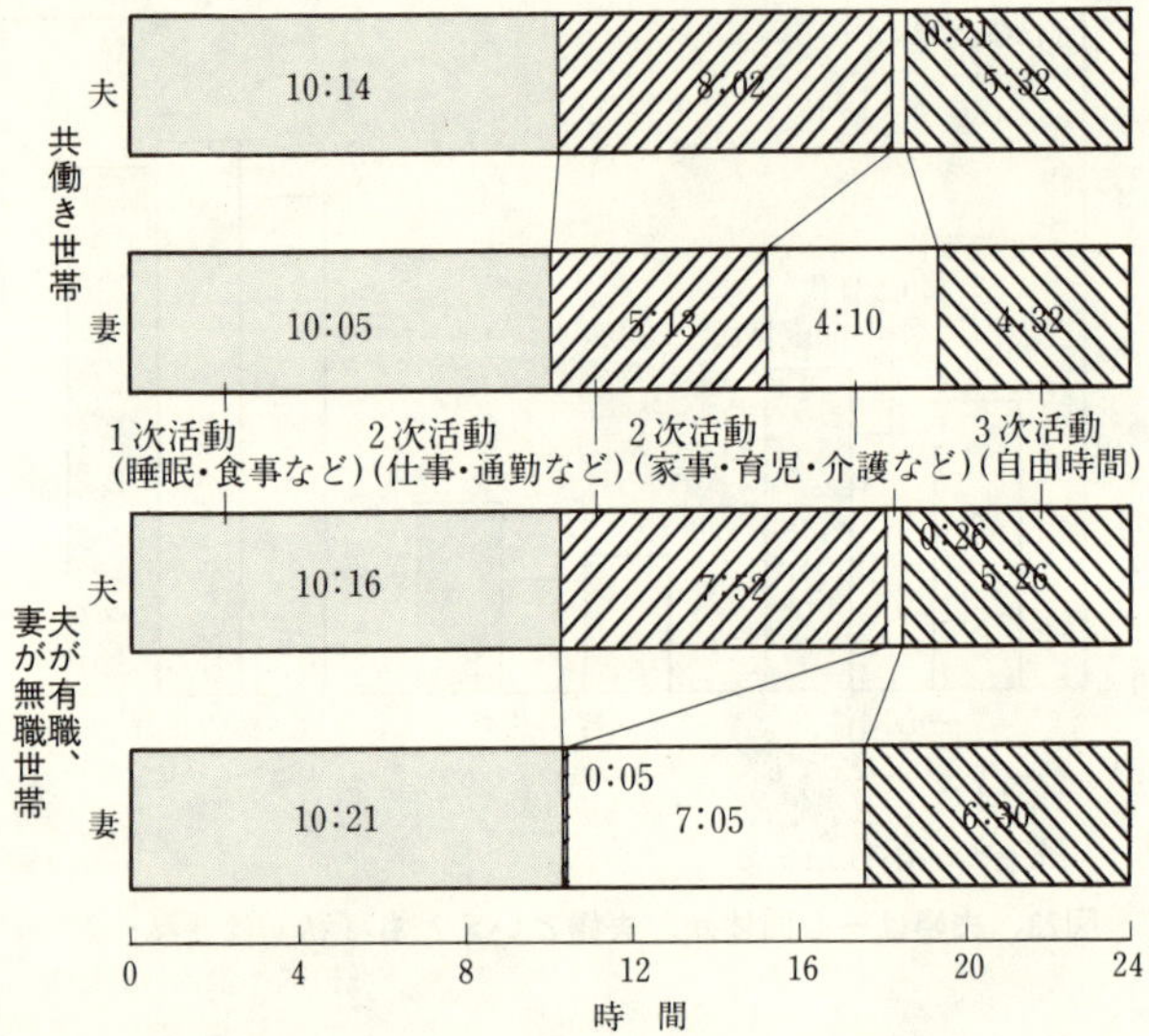

図24　夫と妻の生活時間
家族役割は妻に偏っている　（総務庁、1996）

と夫婦一体感が失われるとの男性議員の意見が強かったと報道されていました。しかし、姓を変えて夫と同姓である現在でも、少なくとも妻側はすでに夫婦は一心同体だとは考えないようになっているのです。

家庭は暖かい安らぎの場といわれます。それは誰しもが期待するところでしょう。しかし、それは、暖房や照明のようにスイッチ一つの完全自動というわけにはいきません。誰かが家族を暖かくしたり安らがせる役割をすることなしには、成り立ちません。家事や育児など家族を暖かく安らがせる役割は、これまでは女性が母として妻として担ってきまし

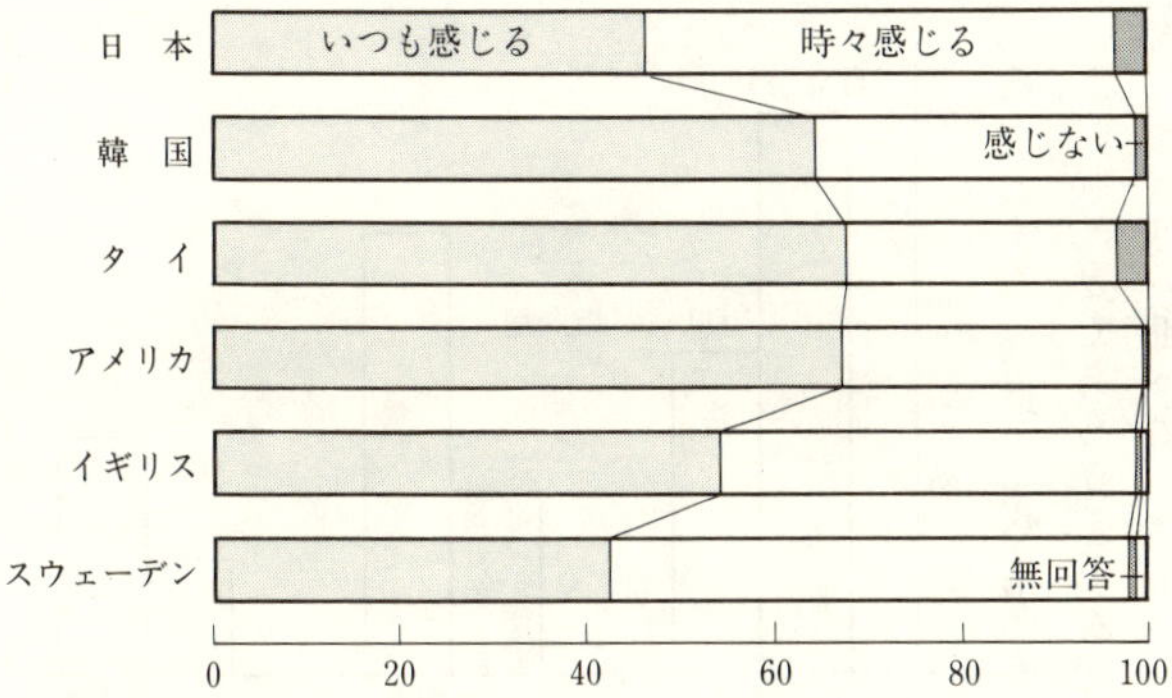

図25　子育ては「楽しい」か？
六カ国のなかで低い日本　　　　（日本女子社会教育会、1995）

た。図24は、日本の夫と妻との生活時間ですが、家事・育児など家族役割が極端に女性に偏していることが歴然でしょう。これほど女性に偏っている国は、世界的にみてもありません。

　このような状況では、暖かさや支援、世話を受ける側の人は満足しても、支援を提供する側にとっては家庭は必ずしも居心地よい場ではありません。女性にとって家庭はむしろ拘束の場となりかねません。このような家族のありようが、女性に個人化を強く求めさせることになった背景でしょう。

　欧米・アジア諸国との比較調査は、「子育ては楽しい」と答える率が日本の母親で大変低いことを明らかにしています（図25）。子育ての役割が母親だけに偏しており、その役割を担うことが、個人として望む生活や活動を実現することを妨げている日本の家族や社会の実情を、示唆するデータです。家事

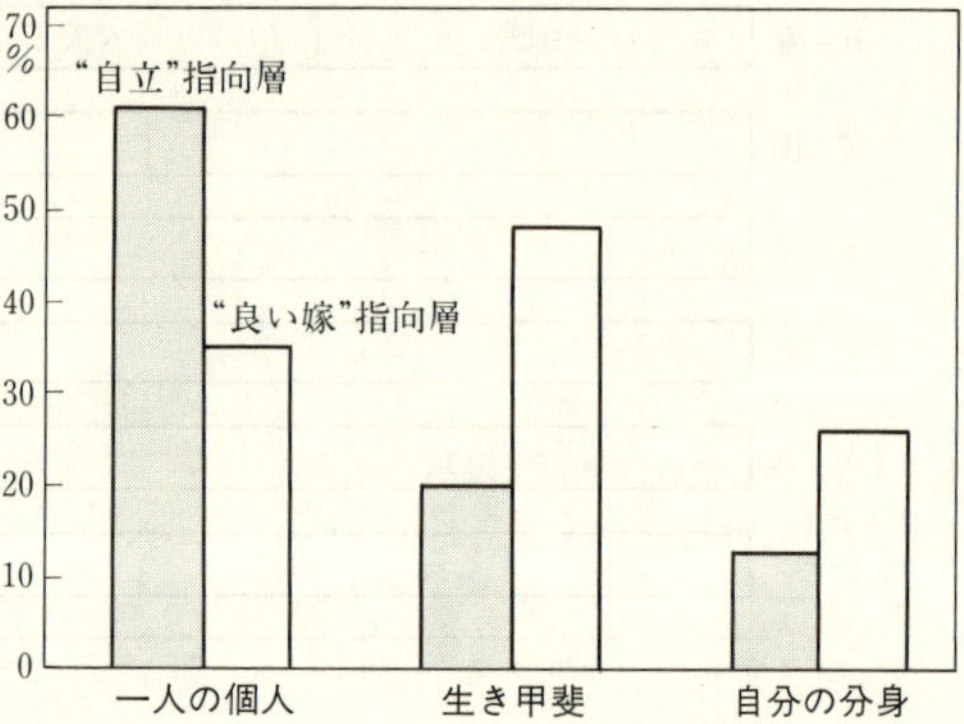

図26　あなたにとって子どもとは？
“自立”指向と“良い嫁”指向の母親における子ども観
（山本ほか、1997）

についても、妻側に偏っている現状ではおそらく同様ではないでしょうか。

個人化志向と子ども

女性の心・生き甲斐の変化と個人化志向は、女性にとっての育児や子どもの位置を変化させます。それは、子どもをどうみるか、子ども観の変化にうかがうことができます。

「あなたにとって、子どもはどのような存在か」と質問し、子どもを「一人の個人」「生き甲斐」「自分の分身」のどれかに答えてもらいます。回答者である母親が、自分の世界を大事にし自立を志向している（“自立”指向群）か、よい嫁・妻であろうとする（“良い嫁”指向群）かに分類して、その子ども観を比べてみたのが、図26です。

よい嫁・妻であろうとする女性では、子どもは自分の生き甲斐であり分身です。自立志向、個人化志向が強い女性では、子どもは生き甲斐や分身といった自分に密着した存在ではなくなり、子どもといえども一人の個人とみなすようになっています。自分も自立を志向し個人として生きようとする態度は、同時に、子どもに対してもその意志や生き方を認めるようになるのでしょう。このように自分はどのように生きたいと考えているかによって、その女性にとっての子どもの位置・意味は違ってきています。

個人化志向と子どもの価値

先に紹介した「子どもを産む理由」の調査対象である三〇、四〇、六〇歳代の母親にも個人化志向について質問しました。そして、私個人の世界を強く求め、夫婦といえども「私は私」とする個人化志向の強い人と、反対に夫婦一体だとする人を選び出して、その母親にとっての子どもの価値を比較してみました。すると、夫婦は一体であり家族の和を尊重するタイプの母親では、子どもを社会のため、次世代を産む責任といった社会的価値と、家族が賑やかになる、夫婦の絆になるなど家族にとっての情緒的な価値いずれもが強いものでした。これと逆に、夫婦といえども「私は私」と個人化志向の強い母親では、子どもに社会や家族にとっての価値を認めなくなってゆく傾向がみられました。

今後、女性が個人としての生活や生き甲斐を求める傾向は一層強まっていくと予想されます。すると、子どもを産むか否かを決断する際、子どもを社会のためと考えるのでなく子どもを自分にとって価値ある他のものと比較検討する傾向はさらに顕著になるでしょう。そして、他国に比して「子育ては楽しい」と思えない日本の社会が変化しない限り、女性にとって子どもや家族の位置は低迷しつづけるのではないでしょうか。

「『母』ってのは子どもがいうこと。私にとっては私は私だ」

「『母』ってのは子どもがいうこと。私にとっては私は私だ」。これは『私たちは繁殖している』のあとがきに著者内田春菊が述べている言葉ですが、最近の女性・母親の心理を端的に表しています。

これまでみてきたような女性の変化は、外側からは驚き、とまどい、そして困ったことに映るかもしれません。それも無理からぬことでしょう。なにしろ日本では〝母性愛〟は本能とみられ、また産む性は即育てる性とされ、女性は家事・育児の家族役割を果たすものとされてきましたし、女性もそれに十分満足していた時期がつい先頃までありましたから――。人生五〇〜六〇年、そして膨大な家事・育児があった時代には、女性はそれで時間的にも心理的にも充足されていました。男性の側も、女性が整える暖かい支援の場である家庭に満足し、外で存分に働くことができていました。こうして誰もが長年親しみそれなりにうまくいっていた家族のなかから、育児不安や「私は私」個人化志向などが噴出したのですから、驚きやとまどいはもっともです。

個人化志向は結婚満足度を高める――結婚は一心同体ではない

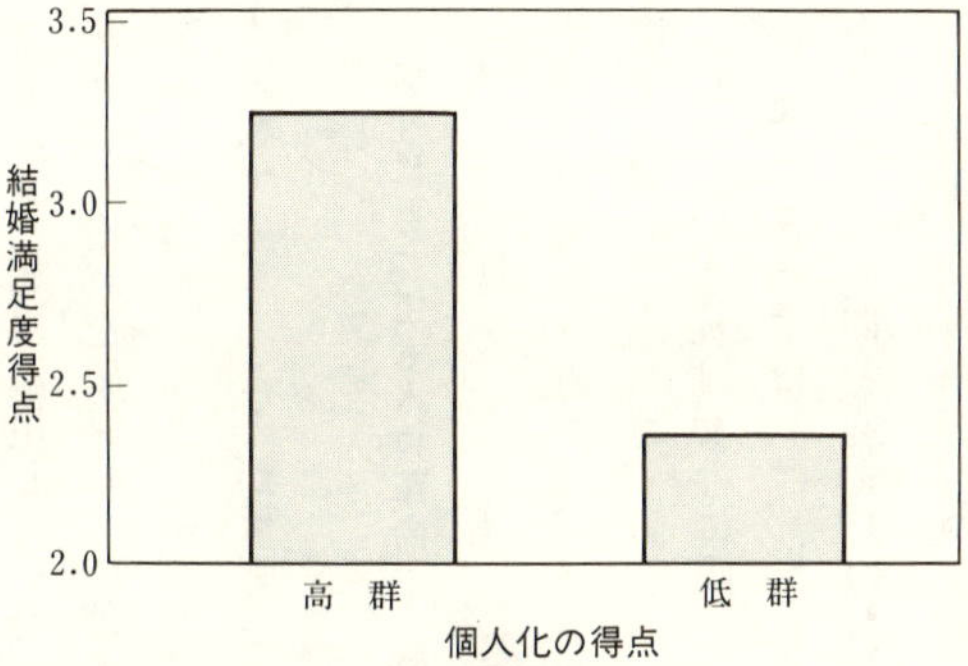

図27　妻の個人化と結婚満足度
個人化が進んでいる妻の方が満足
（永久・姜、1997）

「私は私」「夫婦といえども他人」という意識が女性に強いというと、それは由々しいこと、それでは結婚の価値も幸福もなくなるのでは？　と危惧されるかもしれません。別姓にすると夫婦の絆がなくなる、と同様の懸念をもたれる向きもあるでしょう。

しかし、それはあたらないようです。個人化志向の強い人々と、夫婦は一心同体でいわなくてもわかりあえると考えている人々について、結婚満足度を比較してみますと、個人化志向の強い群の方が有意に高いのです（図27）。

家族役割をすべて担い、家族のために献身し時間的にも心理的にも自分の領域をもてない、もたない妻が、それでよいとは思っていない、そうした結婚生活に妻たちは満足していないのです。逆に、自分には家族のために犠牲にしたくないものがあるとそれを確保している人の方が、結婚に満足しているのです。このことは、女性の幸福は家族のための世話役割だけに徹する生き方にではなく、妻であり母であっても一人の個人として生きることが保障された生活にあることを示しているのではないでしょうか。

男性にとっても人口革命――職業専念から多重役割へ

〝人生五〇〜六〇年〟も、膨大な家事量、長い育児期も消滅した人口革命に出会った今、これまでの女性の生活も心も決定的に変化してしまった、その結果が、みてきたような女性・母親・妻の心理です。

しかし、これは女性に限ったことではありません。人生が長くなったことは、男性とて同様です。かつては、〝いい〟就職をし、そこで出世して退職した後、しばらくゆっくり余生を過ごせば死期を迎えたのが、今はそうはいかなくなりました。退職後、家庭と地域に戻っての生活、それも子どもの巣立ったあと妻と向き合う生活が長く続くことになります。そのような将来を考えれば、家庭のことは妻に一任して職業一筋の現状は問題多々。人口革命は、男性に対してもどう生きるかを見直す課題を提起しています。

複数の役割をもちそれらをこなすこと――多重役割は、達成感や自尊を高めるなど肯定的な効果をもちます。このことは、職業をもつ母親についても明らかにされているところです。この点からも、男性が現在の職業一筋の生活から、職業も家族役割も担う生活へ転換することが重要だといえるでしょう。それは男性自身の心理発達や長い人生の幸福にとってはもとより、不在ゆえにうとまれがちであった子どもとの関係や別な世界に分離してしまった妻との間に、親密で共感的な関係をつくることにもなるからです。

理性的、論理的、積極的、指導性などいわゆる男性的な特性だけでなく、豊かな感受性、思いやり、協調性、こまやかさなど女性的な特性も兼ね備えている人が、男女を問わず安定した高い自尊感情をもっていることが明らかにされています。これは、今日の社会では男性は男らしく仕事を、女性は女らしく家庭に、という性別分業的な生き方が最適性を喪失し、性によらず多様な特性をもち社会的職業的役割と家族役割双方を担う生き方が今日の社会では適応的であることを物語っています。

3　産業構造・労働市場の変化と女性の心理発達

労働力の女性化

少子と長命という人口動態上の変化に加えて、もう一つ、女性の生活と心理に劇的な変化をもたらしたものに社会経済的状況要因があります。特に労働の質と学歴水準の変化です。

マンパワー（man power）という語が端的に示すように、労働力は長らく男性のものでした。機械化以前は、生産はことごとく人手、人力に頼っていましたから、体力、筋力においてまさる男性の独壇場といってもよく、労働力はすなわちマンパワーでした。それが機械化・情報化の進展によって一変しました。機械や情報の操作は、知識と技術さえあれば男女に差はありません。労働力＝マンパワーは終焉しました。女性も労働市場に参入できる基盤ができたのです。

加えて、女性の高学歴化が進みました。女性の高等教育進学者は、男性にほぼ匹敵するほど高率になっています。高等教育の普及とりわけ女性に対する高等教育は、社会全般の豊かさを基盤にしていますが、同時に、親や社会が今後は女性にも高等教育による知識や能力の養成が必要、重要と考えるようになったからです。女性も家事・育児だけではない、社会的職業生活につくことを想定してのことです。

「働く母」の増加——職業と家庭の両立という多重役割の影響

これにサービス産業の拡大もあいまって、女性労働が飛躍的に増加したことは周知のとおりです。労働力の女性化といわれます。卒業後、女性も就職するのは今やあたりまえのこととなりました。一九九二年、夫も妻も働く家庭が夫だけが働く家庭を上回って過半数を超え、いわゆる「働く母」が増加しました。このことは女性の生活と心理、さらに夫婦や家庭にも多大の影響をもたらしました。

働く母親は職業と家庭の両立が大変といわれます。こうした言説は、女性が家庭をもち子どもがいて職業を続けるときには、そのいずれもこなさなければならないとの期待を暗黙の前提にしています。実際、既婚の有職女性「働く母」たちはそうしているのが通例です。そもそも「働く母」とは、出産後も職業を継続している女性、母親をさしますが、「働く父」という語はありません。父親は当然職業をもって働いているけれども、女性のように職業と家族役割双方を担ってはいないからです。女性は家事・育児など家の仕事をするのが本来の役割、その上、職業をもって働いているという認識によるものです。

一人の人間が二つの役割を担うと矛盾や葛藤が起こりがちで、心理的にもよくないと長らく考えられてきました。「働く母」についても、職業と家庭の多重役割は本人にも家族―子どもや夫にもよくない影響があるにちがいないとの予想にもとづいた研究が、さかんに行われました。

いろいろ調べてみますと、予想とは反対のこともわかってきました。確かに身体的な疲労は大きく、そのストレスはあります。けれども働く母親は多くの役割をこなすことで、達成

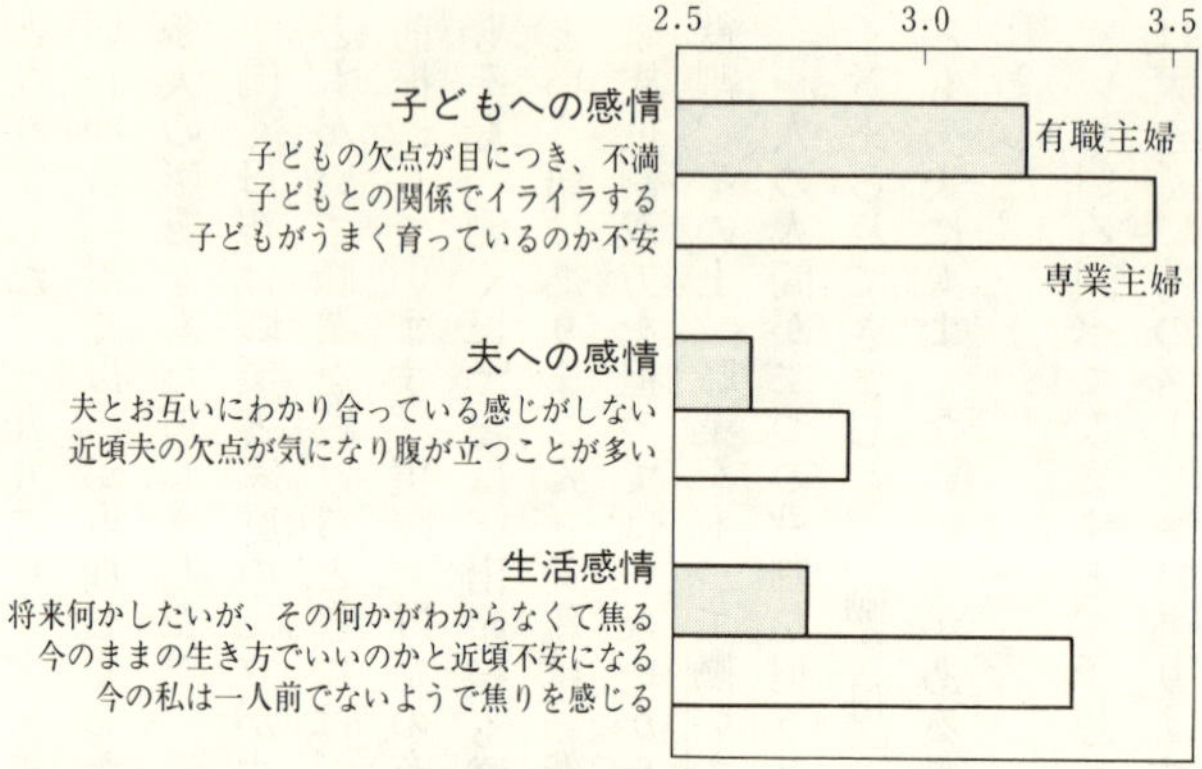

図28　子ども・夫・生活への感情
専業主婦と有職主婦（働く母）では異なる　（永久、1995）

感を味わいそれが自信を生み充実感を味わっている、育児不安も低い、また夫との関係もよい、といったことがわかってきました。一つの役割だけよりも多重の役割をもちそれをこなすことで、多様な能力が養われ柔軟で多角的な視点をもつことができる、その結果、どちらの役割も柔軟にこなし生活にはりや充実感があり、自尊感情もアイデンティティも高いのです（図28）。

さらに重要なことは、母親が職業をもっている、従って子どもが保育所などに預けられ、母親以外の人の養育を受けることは、子どもの発達に何らマイナスの影響をもたないのです。むしろ、母親以外の多様な人間関係に支えられ、異年齢集団のなかで健やかに成長していることが内外の多くの研究で確認されています。

まだ保育所もほとんどなく、女性が結婚・出産後も働きつづけることが稀であった戦後、資金を出しあい保母を頼んで共同で託児所をつくり、職業と家事・育児を継続してきた一群の親たちがいました。その「働く母」の子どもたちが、『私たちはこうして大きくなった』との記録を出しています。今日以上に強かった〝母の手で〟の社会風土のなかで、働く母とそれを支える父の姿に誇りを感じてみていたこと、親だけでなく保母さんや他の親たちに見守られて育ってきた経験、それをよかったと肯定的に評価している具体例の数々を、そこにみることができます。

職業と家庭のジレンマの根――「働きやすさ」の低い日本

日本の母親とりわけ育児・家事を専業としている母親で、育児不安が強いことはすでに述べました。この母親たちは、子どもの養育は〝母の手で〟との日本社会でよしとされている規範を実践している人々といえましょう。それなのにその人々に育児不安が強いことは、よかれとの〝母の手で〟がどうもよくはないことを暗示しているように考えられます。

今、専業で育児をしている母親たちは、皆好き好んで〝母の手で〟をしているわけではないでしょう。それが最善と思った人ばかりではないでしょう。子どもや自分の健康状態、保育所に入れない、夫の勤務状況や転勤などなどから、出産を機にやむなく退職した人々も少なくありません。いずれにしろこの出産を機に退職する人が多いために、日本の女性労働力率は諸外国のように中断なく働きつづける馬の背型ではなく、M字型になっています。しかし、現在、専業主婦・母親である人々のなかには、就業を希望している人がかなりいるのです。この潜在的な就業希望を合わせますと、結婚・出産期のくぼみがなくなります(図29)。

このことは、かなりの女性たちは働きつづけたいと願いながら、自らの意志に反して仕事を辞めているものが多いことを示唆しています。それはなぜでしょうか? 男女雇用機会均等法が施行されているものの、職務内容や昇進、給料などについて今も性による差別がありますし、家事、育児さらに介護など家族役割の負担についてはより大きな男女差があり、女性が働きつづけるには障壁多々だからです。

女性が働く上での障壁がどのくらいあるかを細かく採点した「女性の働きやすさ指標」を、一九八〇年と一九九五年、国際的に比較したデータがあります(図30)。

日本は二〇年前の一六位が、その後の一九九五年には順位も指標も下がり、働きやすさはきわめて低い現状です。この状況が、女性の働きたい志も力も活かさずにいるのではないでしょうか。

やむなく仕事を辞めて育児・家事の専業でいる人が少なからずいる、そのあげく、その母親たちに強い育児不安を招いていることは、深刻な問題です。

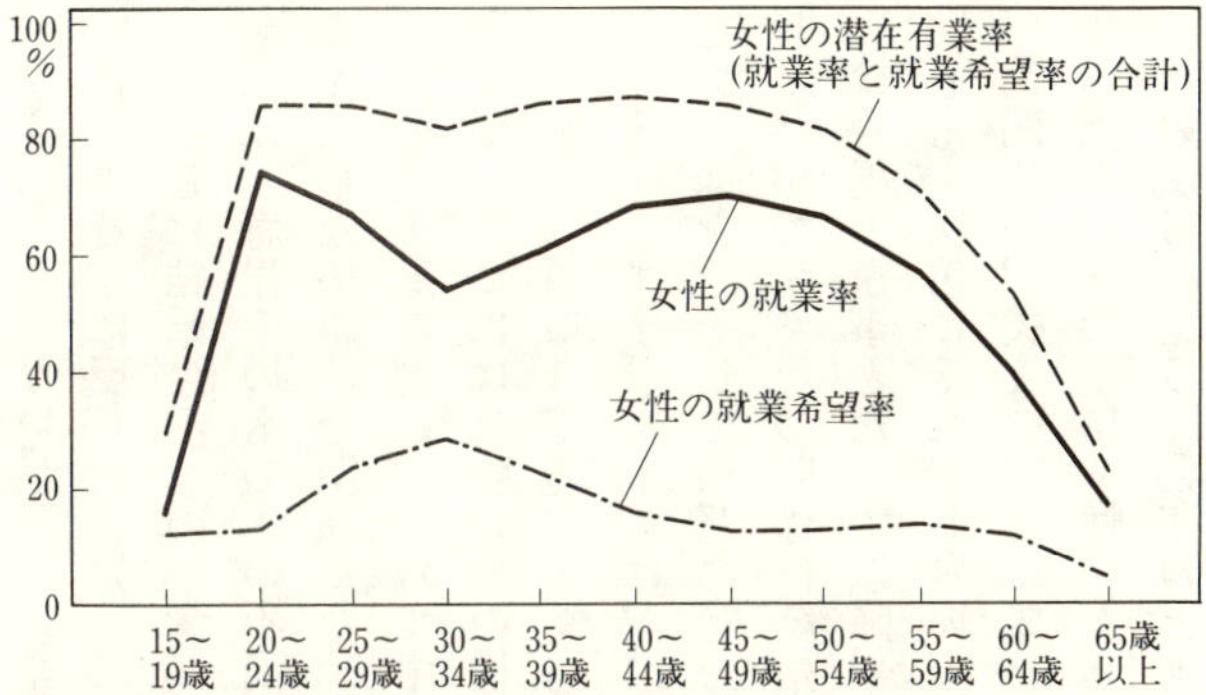

図29　M字型にならない女性の潜在有業率

女性は働きたいと思っている　　（総務庁、1997）

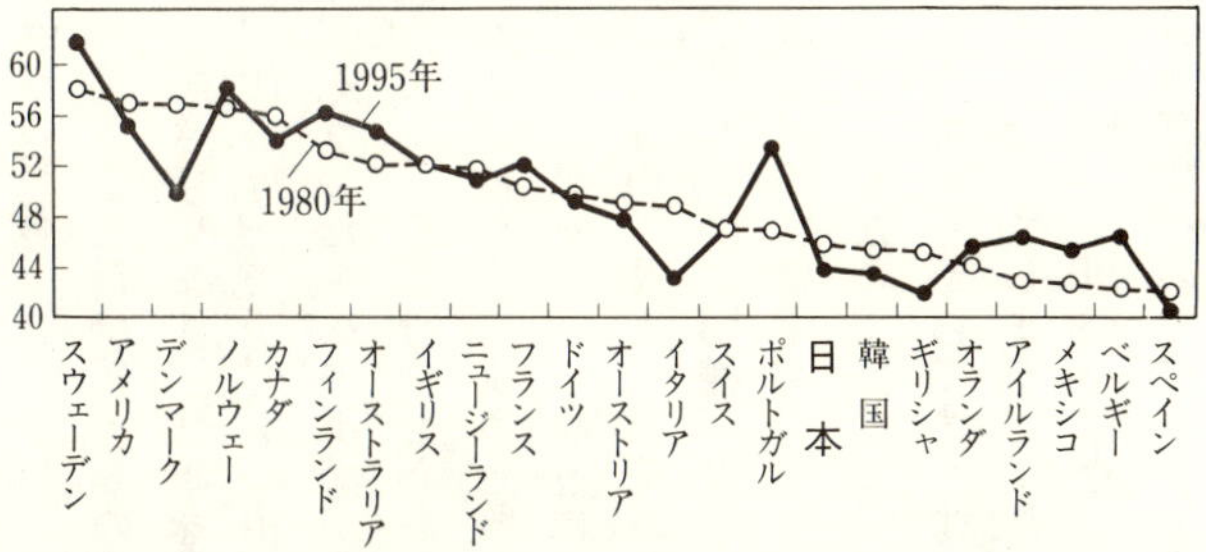

図30　日本の「女性の働きやすさ」は？

働きやすさ指標の国際比較　　（経済企画庁、1998）

「ずるいんじゃない⁉」——父親不在と夫への不満

自分の意志に反して育児・家事だけに閉ざされた母親・妻の間に、次第に夫への不満や怒り、さらに結婚生活への不満が忍び寄ってきています。仕事を辞めて子育て専業中の母親たちには、育児そのものへの不満以上に、仕事専一で子どもの相手はおろか自分と話すこともままならない希薄な関係になってゆく、そうした夫への不満が次第に募ってゆくようです。

次の漫画風の図は、子育て中の母親たちが、今自分たちがおかれている状況を描いたものですが、そこには日頃の夫の様子や夫への不満がありありとうかがえます（図31）。

今から二〇年ほど前、結婚前は、恋愛結婚が見合い結婚を上回るようになりました。これは、次のことを意味します。結婚前は、二人はほぼ同等の学歴とそれぞれ職業をもつ対等な友達であったでしょう。そして相互に魅力を感じ、それまでと同様、対等に支え合う夫婦たらんと結婚したはずです。その関係は結婚当初は保たれていますが、子どもの誕生と同時に夫は仕事、妻は育児・家事となって以降、だんだん怪しくなっていきます。二人の生活も活動もさらに関心も、次第にそれぞれ別の方向に分かれてゆくからです。すると、かつては対等に話していた関係が、夫との間では成り立ちにくくなってしまう、また夫にはあって自分は失ってしまったものへの羨望や悔いから、夫への鬱屈した思いを抱くことになるでしょう。

次の文は、もう一〇年ほど前の『朝日新聞』への投書記事です。

「ずるいんじゃない　　　　　　　土浦市　T・K（主婦・31歳）

私と夫は同じ大学の同学年生でした。学部は違いましたが、同じゼミで学び、同じスキー合宿に参加して、常に同等でした。

今、三歳の長女と九ヵ月の次女がいて、私は専業主婦。夫は仕事ばかりで、残業は毎日。休日出勤は当たり前で、家事も育児も関係ありません。転勤族で、近所との付き合いもなく、私は日々、子供と顔を付き合わせる生活です。

正直言って、『こんなの、ずるいんじゃない？』という気持ちです。今まで男社会がつくってきた『子供、家族は女が――』という通りにすると、こういうことになるのです。

私の友人には、三十歳を過ぎても独身の女性がたくさんいます。既婚で子供一人というひとはあまりいませんが、逆にDINKSの人もたくさんいます。これからは、男社会の考え方なんて気にせずに、いろんな生き方があって良いと思います。

私は子供から手が離れたら、また働くつもりですが、それは、まだ数年先のことになりそうです」（『朝日新聞』一九九一年三月七日）

ここに書かれている気持ちは、投書した一人のものではないでしょう。先のまんが風の記録を作った母親グループをはじめ多くの母親たちが共感するところではないでしょうか？状況は、一〇年前とほとんど変わっていないのです。

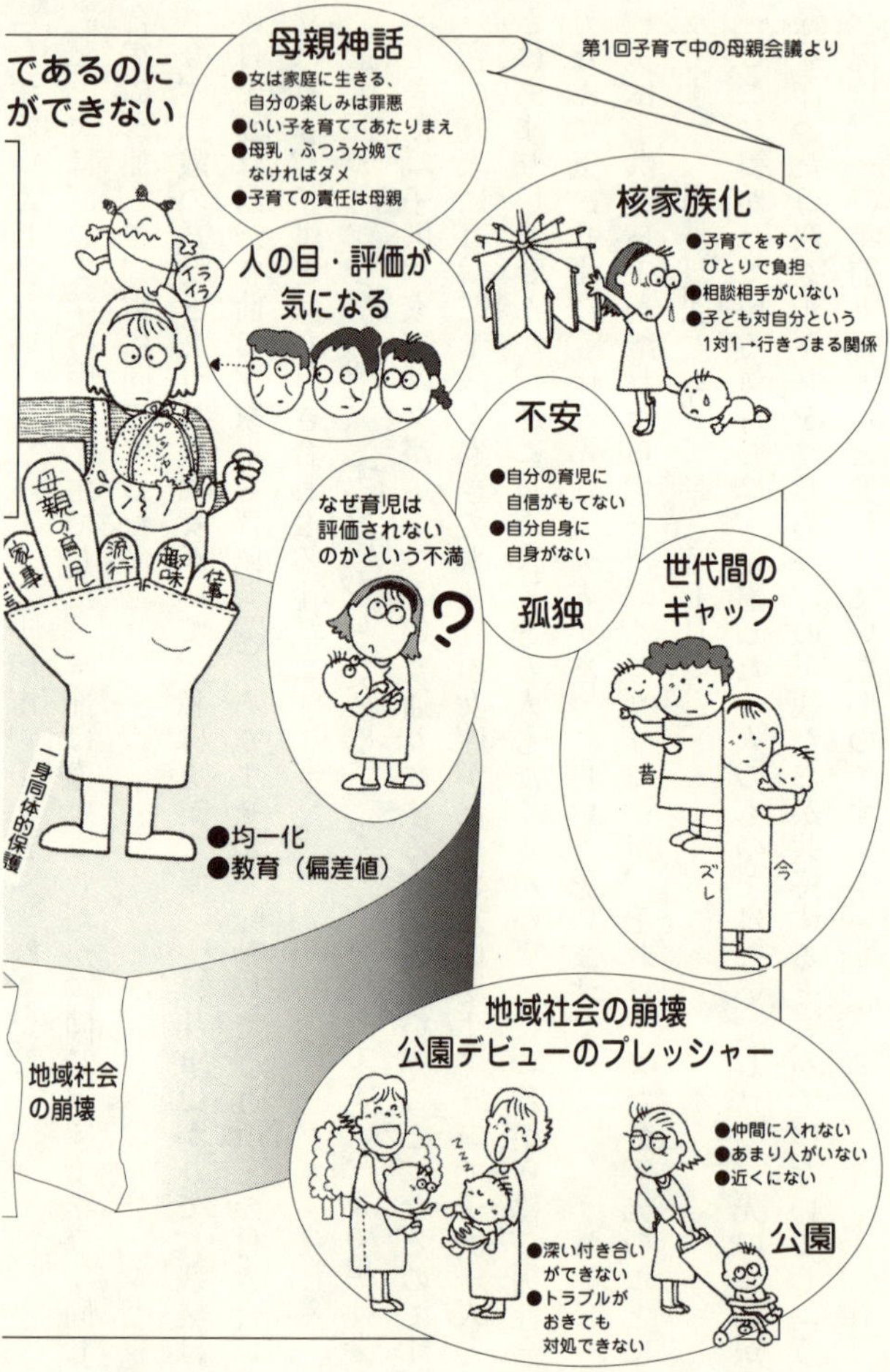

第1回子育て中の母親会議より
であるのに
ができない
母親神話
●女は家庭に生きる、
自分の楽しみは罪悪
●いい子を育ててあたりまえ
●母乳・ふつう分娩で
なければダメ
●子育ての責任は母親
イラ
イラ
人の目・評価が
気になる
核家族化
●子育てをすべて
ひとりで負担
●相談相手がいない
●子ども対自分という
1対1→行きづまる関係
不安
●自分の育児に
自信がもてない
●自分自身に
自身がない
孤独
なぜ育児は
評価されない
のかという不満
母親の育児
家事
流行
趣味
仕事
一身同体的保護
●均一化
●教育（偏差値）
世代間の
ギャップ
昔
今
ズレ
地域社会
の崩壊
地域社会の崩壊
公園デビューのプレッシャー
●仲間に入れない
●あまり人がいない
●近くにない
公園
●深い付き合い
ができない
●トラブルが
おきても
対処できない

図31　子育て風景
（「港北区子育て新聞223」1号より、イラスト酒井チエ子）

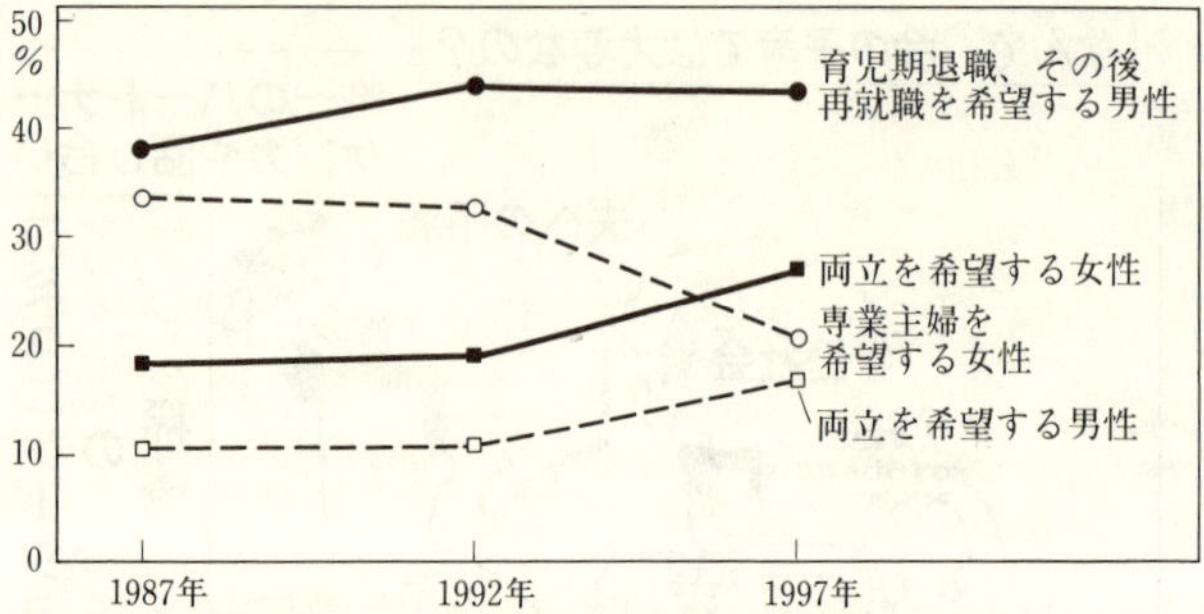

図32　女性が望むライフコースと男性が女性に望むライフコース
（国立社会保障・人口問題研究所、1999）

未婚の男女が、将来どのようなライフコースを理想としているかをみますと、女性では仕事と家庭を両立する、つまり職業継続希望が最近増加し、専業主婦希望は減少してきています。その傾向は、高い学歴層で一層顕著です。ところが結婚相手である男性では、女性が希望する両立―職業継続は最近やや増えたものの女性に比べると有意に少ないのです。そして出産でいったん辞めて子育て後再就職してほしいとの希望は、男性で多くなっています。つまり、女性が働きつづけて両立をと願っているのに、男性側は育児は女性にと希望し、その期間は仕事を辞めて家事・育児専業を希望しているのです（図32）。

このような男女間のギャップ、男性側の、女性の職業継続に対する消極的な態度が、女性が自らの意志に反して専業主婦となる一因である場合は少なくないでしょう。こうした妻たちの間に、投書のような夫への不満やわだかまりが生じても不思議ではありません。

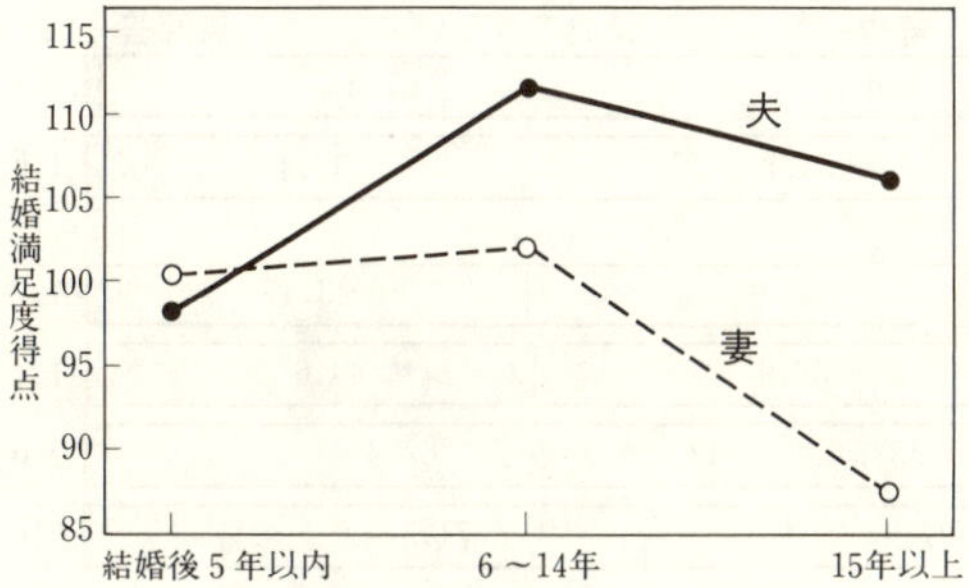

図33　どのくらい結婚に満足しているか
夫は満足、妻は次第に不満足　　　　　（菅原ら、1997）

妻の結婚満足度は低下する——満足しつづける夫とのずれ

結婚生活や配偶者にどのくらい満足しているかを調べてみますと、結婚当初は、夫と妻はほぼ同程度です。おそらく大半が恋愛結婚でしょうから、これは当然でしょう。ところが、その後、夫の方の満足度は上昇してゆくのに対し、妻の方はしばらくそのままですが、やがて急激に低下します。その結果、結婚一五年が経った頃には夫と妻との間には、結婚への満足度に大きな差ができてしまっています（図33）。

このような夫と妻との結婚満足度のずれは、他の調査でも同様に認められています。女性にとって、結婚の魅力は年月が経つにつれだんだんになくなってゆく、そして夫とずれが生じていく、これは、日本の夫婦や結婚の由々しい問題ではないでしょうか。

この原因の一つは、先に述べた妻と夫の生活の乖離、また家庭が夫―男性にとっては暖かさや支援・世話を享

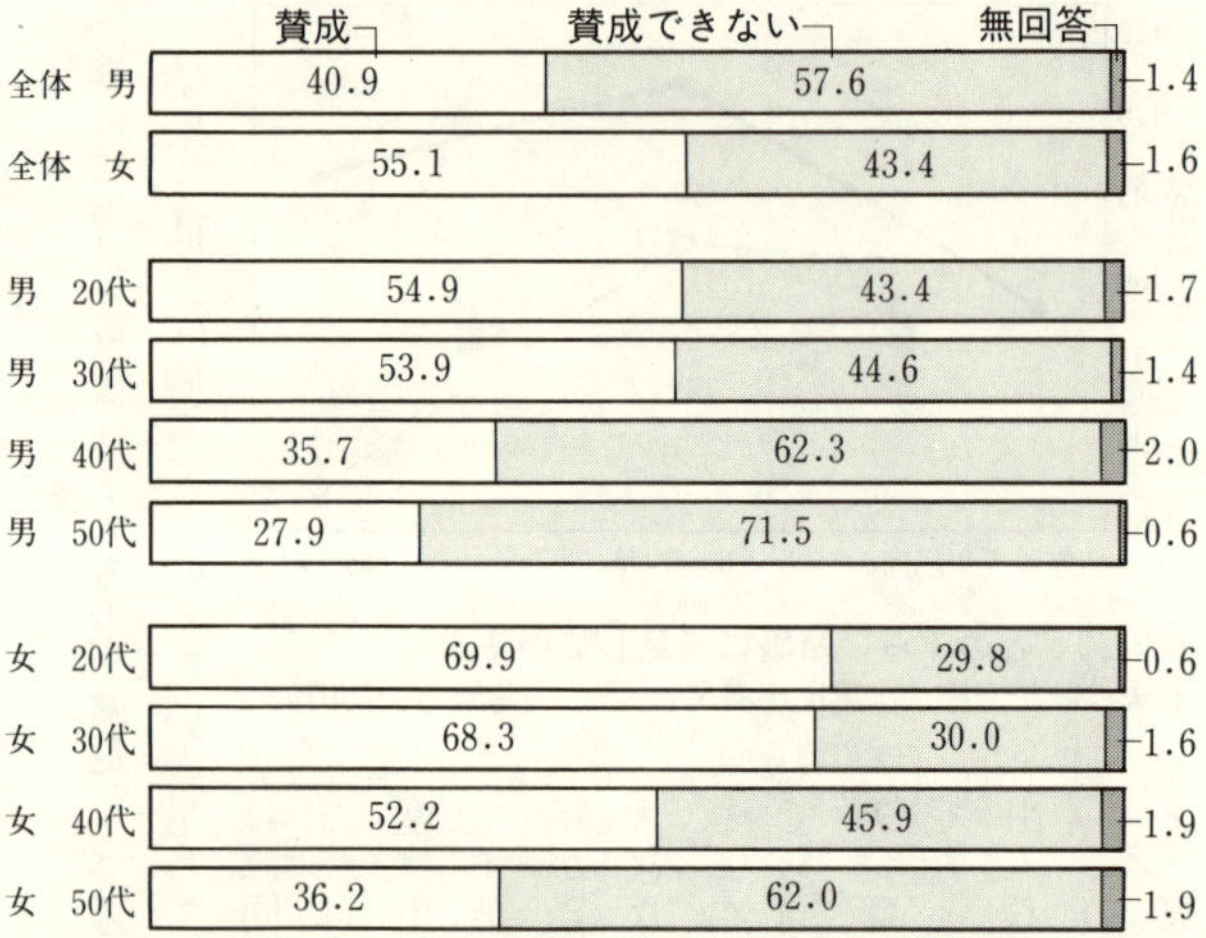

図34　結婚しない人が増えているといわれますが（%）
（経済企画庁、1995）

受できる場ですが、妻—女性はもっぱら世話役割を担う側だということにあるでしょう。

今、晩婚化が進行しています。晩婚はおろか結婚をためらい忌避する傾向さえ、女性の間にはみられます。日本は長いこと他国に例をみないほど生涯未婚率が低く、外国の人口学者から「結婚好きな」国民といわれてきました。その日本の社会に非婚化が生じているのは一大変化、注目すべき現象です。かつて適齢期といわれた二〇〜二五歳の女性の未婚率は、世界的にみても高い八七％。二五〜三〇歳でも約五〇％と、きわめて高率です。そして「結婚しない生き方」について、どの世代でも男性よりも女性の方が肯定しています。若い世代の女性では約七〇%が「賛成」と答え、同世代の男性をはるかにしのいでいます（図34）。結婚の価値は、女性では低下しているといえるでしょう。

一体、これはなぜでしょうか？　端的にいえば、親たちの結婚生活や多くの現実の夫婦をみて、女性が妻・母になることによって失うものの大きさに気付き、「ああはなりたくない」との結論ではないでしょうか。母たちの世代と異なり、卒業後、ほとんど皆が職業につき、経済力をもつようになった今日、女性が結婚によって得るものと失うものとを勘案してみると、日本の結婚が女性を躊躇させる理由、十分ではないでしょうか。それは、すでにみた家族役割の女性偏重を考えれば、なおさらでしょう。女性の晩婚化・非婚化傾向は、「日本の」結婚の価値の低下、そうした結婚への忌避の表れとみることができます。

女性の職業進出は少子化の原因か？――出生率はなぜ下がったか

こうして女性の労働市場進出は、女性の生活と心とを変化させ、女性の幸福は結婚次第といわれた時代とは様変わりしました。結婚の価値は相対的に小さくなり、妻の経済力は夫との関係をも変えつつあります。

ところで、女性の職業進出は少子化の原因だとしばしばいわれます。それは、本当でしょ

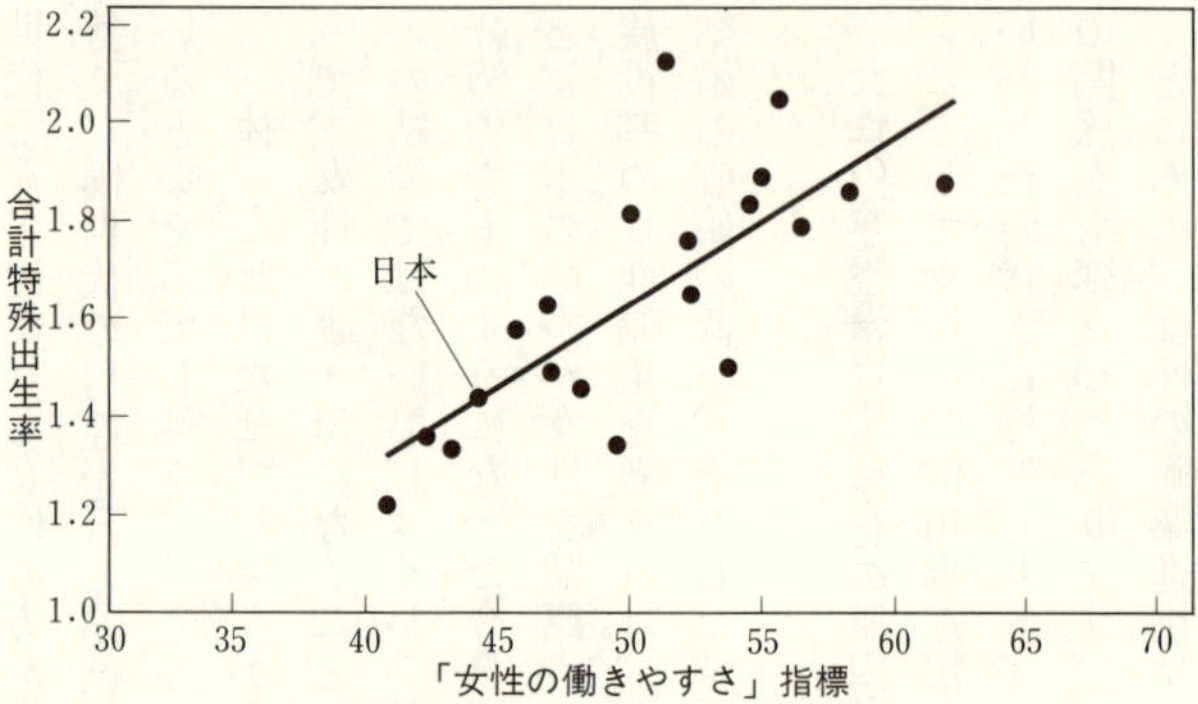

図35　「女性の働きやすさ」によって子どもの数はどう変わるか
（経済企画庁、1998）

うか？　妻の職業形態別に子ども数をみますと、職業継続の場合は専業主婦や育児期に退職し再就職する場合よりも少ない傾向がみられます。子どものいない率もやや高率です。この限りでは女性の職業進出は少子化の原因にもみえますが、そう簡単ではありません。職業継続の場合、子ども数が顕著に減少するのは主に都市部です。都市につきものの通勤や住宅、育児体制などの劣悪さが、理想の子ども数を控えさせているのです。都市部でも親から子育ての援助を受けているフルタイム有職群では、子ども数は多くなっています。

図35は、女性の働きやすさと子ども数との関係を示す国際データです。女性が働きやすい国では子ども数が増加する、という相関関係がはっきりみてとれます。

女性が職業をもつこと、経済力をもつことは、子どもを少なくするどころか子ども数の増加へと向かわせる要因といえます。日本は、女性の高学歴化にもかかわらず職業進出は進んでいるとはいえません。それは女性が職業を長く続けること、まして職業をもちながら子どもをもつことを困難にしている〈働きやすさ〉が低いことに原因があります。

先に子どもを産む際の考慮要因として「条件依存」「子育て支援」が最近では重視されることをみました。「働く母」が求める条件や支援が得られない状況、つまり働きやすさの低い状況が、少子化を招いているといえるでしょう。

4　進む高学歴化と女性の心理発達

高学歴化は能力と心を変化させる

産業構造、労働市場の変化に加えて、女性に高等教育が普及したことも女性の生活と心理への影響大です。そもそも高学歴化は、労働の機械化・情報化に対応して高等教育が必須のこととなった結果で、これは日本に限らず先進工業国に共通する動きです。マンパワーではなく知力・情報操作力がものをいう今日、女性は高等教育によって男性と等しい能力をもつことになりました。女性労働の増加は、その意味で女性の高学歴化を背景にしたものです。

ところで、こうして高学歴化によって、社会で職業をもち経済力を得る道が女性に開かれたことは、同時に、女性にとって長らく唯一の役割であり生き甲斐でもあった家族や子どもに対する心理を大きく変化させることになりました。

〝日本の母親は母子一体〟といわれてきたが――欧米化する高学歴層

長らく日本の女性は、家族に対して暖かく献身的、母と子は一体といわれてきました。文学作品にもそうした母親像は繰り返し描かれてきましたし、心理学でも欧米との比較研究で指摘されてもきました。日本では、かなり大きくなるまで子どもは母親と同室で就寝する習慣があります。それも、父親―夫は、子どもの泣き声で眠れないといけないなどと別室で寝ることさえままあるほどです。また、日本の子どもは母親がいなくなるとすぐ混乱して泣く、母親の方も子どもを一人にしたり人に預けることをためらう傾向が強いものです。最近、少し減ったようですが、母子心中は日本に多い特徴で、それは「子どもを残しては死ねない、わたしがいないで誰がこの子を――」との子どもへの母親の強い一体感のゆえと、情状酌量されて考えられてもきました。

しかし、最近変化がみられます。日米の母親についての比較研究で、子どもが野菜をいやだ、嫌いだと言って食べないようなとき、日本の母親は「せっかくお母さん一生懸命つくったのに悲しいなあ」とか「お百姓さんが一生懸命つくったのに、残念がるよ」など、気持ちに訴えて子どもを説得する傾向があります。このようなやり方はアメリカの母親にはほとんどありません。「出されたものは食べるもの」「野菜食べないと顔色悪くなるよ、そうならないように食べなさい」など、ルールや論理を挙げてはっきり命令するのが、アメリカのお母さんの特徴です。

しかし、日本の母親には個人差が大きいのです。そこで調べてみますと、学歴の低い層では気持ちや感情に訴えて説得する〝日本的〟なやり方が顕著にみられますが、高学歴になるにつれてこの方式は減ってゆきます。そして逆にアメリカ型のルールや論理で命令する方式が優勢になっています。このことは、女性の高学歴化は子どものしつけの方式や子どもとの関係のとり方を変化させている、しかもその変化は、日本的な特徴を消失して欧米化の方向に向かう、といえるものなのです。

「子どもは分身」から「子どもといえども別な個人」へ

このような日本の母親の子どもへのしつけ態度の変化は、母親が子どもをどうみるか、母親にとって子どもとは何か、という点に変化が起こっていると予想させます。調べてみますと、実際そうなのです。

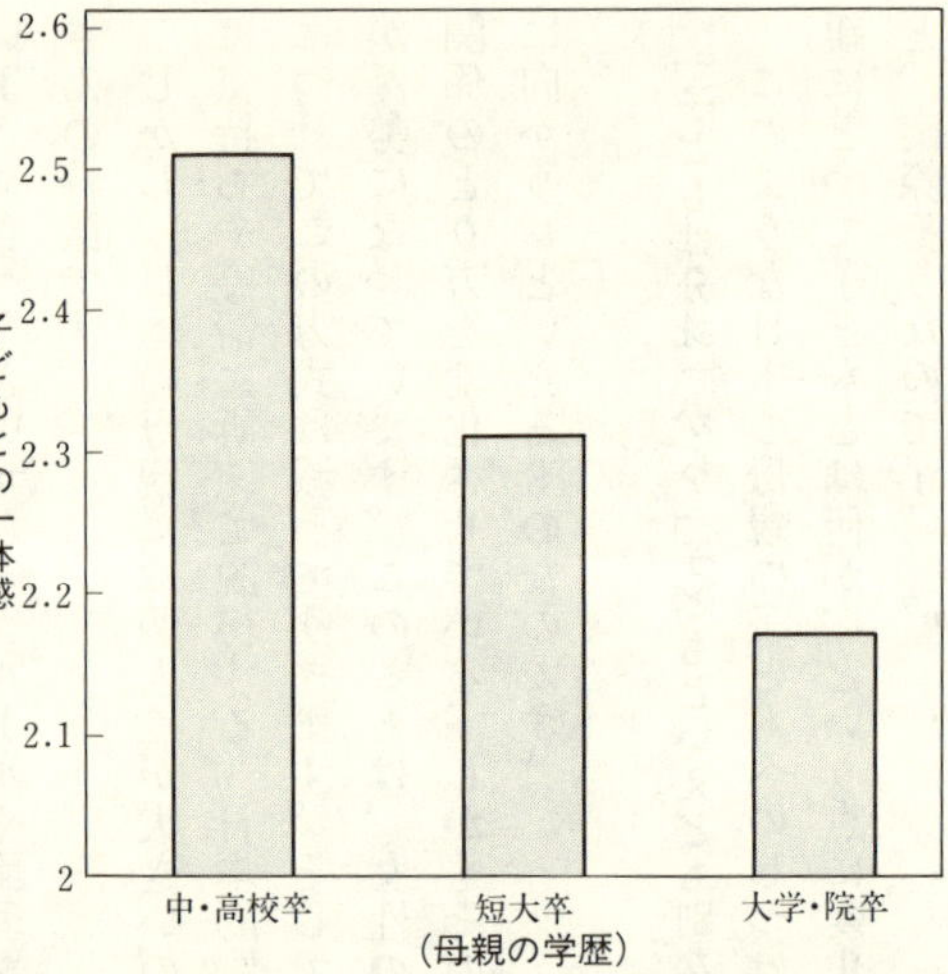

図36　学歴によって子どもとの一体感は変化する
（柏木・若松、1994）

先に「子どもは自分の分身」という子どもとの一体感は、意外にも母親よりも父親の方で強いことをみました。この子どもとの一体感を母親の学歴別に調べてみますと、図36のように学歴水準によって大きな違いがみられます。子どもとの一体感は、高学歴になるほど減じてゆく変化がはっきりみられます。

学歴と連動して女性・母親の心理が変化する、そして欧米的な特徴を帯びていくことは、このほかにも多くのデータがあります。子どもとの一体感が減少するということは、いいかえれば子どもや家族とは別の自分の生き甲斐や人生の目標があり、それを大事にしたいという気持ちの現れです。

「結婚しても人生には結婚相手や家族とは別の自分だけの目標をもつべきである」と考える

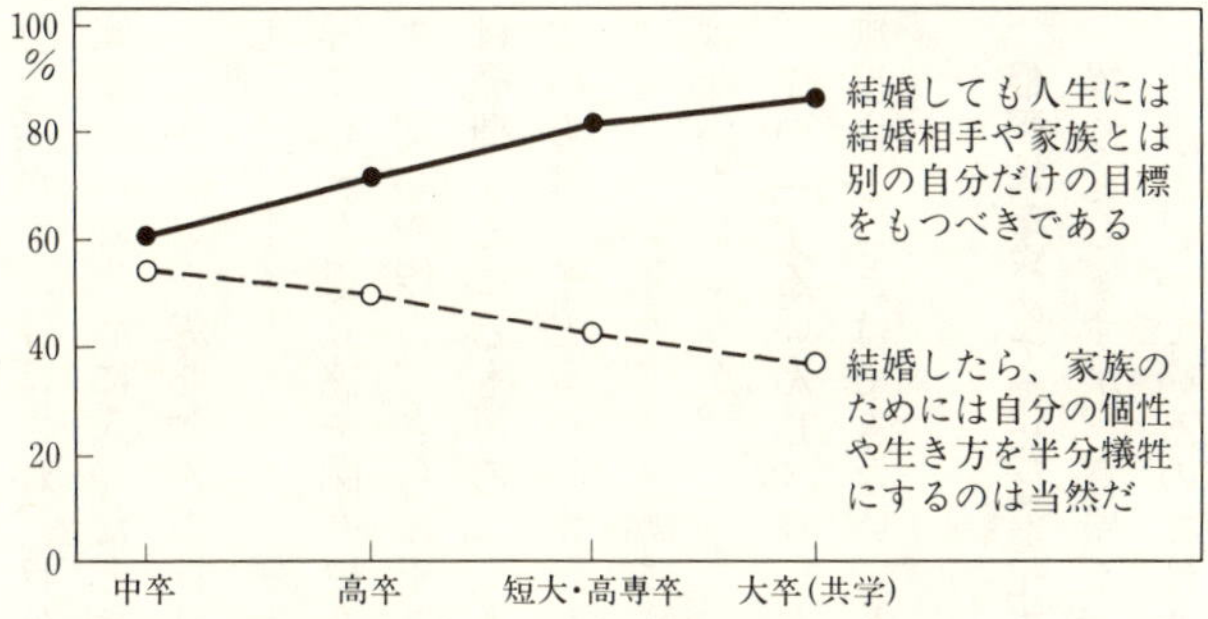

図37　家族とは別な生き方か、家族への献身か
（厚生省人口問題研究所、1993）

人は、学歴が高くなるほど高率になってゆきます。そして「結婚したら、家族のためには自分の個性や生き方を半分犠牲にするのは当然だ」との家族への献身を支持する人は、高学歴層では低率です（図37）。

日本の母親に育児不安が強い、それも専業主婦、高学歴層でより強くみられる、これはなぜなのか？　これまでみてきたことから、その答えは簡単です。

高等教育の普及は、社会の変化、産業構造の変化に応じた必然です。そして男性であれ女性であれ、高等教育によって豊富な知識を得、情報社会に有用な能力が養われます。その知識や能力は社会的活動や職業のなかで発揮され、さらに職業経験や社会的活動のなかで一層鍛えられ伸びてゆきます。職業は当然、経済上の自立を可能にします。こうしたことは、今日、ほとんどの女性が学校卒業後、経験していることです。

このような知識、能力、関心をもち、それが職業や社会で活かされ伸ばされ、自分自身の経済的報酬や経験をもった女性が、それを辞めて育児・家事だけの生活に入ったとき、どのような感慨を抱くでしょうか？　当座は、自由時間が増え、かわいい赤ちゃんの世話や料理が念入りにできることなどに満足しその生活を楽しむでしょう。しかしやがて、それだけでは充たされない空虚感と、社会との接点や交流から一人隔てられた孤立感や閉塞感を味わうようになります。高等教育と職業経験によって養われてきた関心や能力、さらにそこで得られた達成感や社会的経済的報酬は、家事・育児のなかでは発揮することも得ることもできないのですから。結婚当初、同等の力や関心をもっていた夫の方は、子どもが生まれた後もほとんど何ら変わらぬ職業的社会的活動をしている、そのことは高学歴の専業主婦をしている妻にとって理不尽なものに映ずるのは無理からぬことではないでしょうか。

先の「ずるいんじゃない⁉」の投書にみられる怒りや切ない疑問は、一時の繰り言として無視することはできないでしょう。

最適性を求めて家族は進化する――〃母の手で〃は機能不全

繰り返しますが、育児不安を抱いている母親は子どもがかわいくないとか育児はつまらない仕事と思っているのではありません。子どもへの愛情も育児の意義も認めつつも、子どもや子育てだけに閉ざされた状況に陥っていることで、生活に焦りや不安を抱いているのです。子どもが幼いうちは〝母の手で〟との周囲の考えや期待に従って、また自分もそれをよしとして仕事を辞めて育児に専念することにしたのでしょう。ところが、よかれと思った〝母の手で〟の生活が育児不安や焦り、不満を抱くことになっている、なんと皮肉な構図でしょう。これは、その選択をした当人の責任だけに帰すことはできません。

〝母の手で〟に不都合や問題が出てきたのは、母親だけが子育てする、しかもその母親にはそれ以外の道が閉ざされてしまう、そのような子育てと家族のかたちが、今や、うまく機能しなくなったことを示しています。家事の省力化、少子の育児、しかるに女性の長い人生と高等教育で養成された能力や知的関心、これら相互に矛盾する事態を考えれば、機能不全は当然です。膨大な家事、多数の育児、五〇〜六〇年の人生、せいぜい女学校ぐらいの教育で職歴もない時代にはうまくいった〝母の手で〟は、状況の変化に最適性を喪失したのです。

誰が、どのように、子どもの養育に関わるかは、広く世界を見、歴史をさかのぼってみると、人類には多様なものがあることに気付かされます。それは、人類だけが環境の変化に応じて、より適切なやり方を編み出すことのできる知恵と力をもつ動物だからです。子育てのかたちの変化は、親と子、夫と妻の関係など家族の変化でもあります。育児不安が専業主婦、それも高学歴層に強い事実は、もう機能不全に陥った〝母の手で〟に代わる別な子育ての仕組みを、日本の社会は創出しなければならないという課題を提起しています。家族のかたち、子育てのかたちの進化が求められているといえましょう。

「多重役割」を担う「働く母」は忙しい、しかし精神的に健康

「働く母」には、専業主婦のように強い育児不安はみられません。職業と家事・育児の両立に大変忙しくそのための心身のストレスは大きいものの、生活への満足感、肯定的な自己感など、精神的な健康度は高いことはすでにみました。保育園に預けることで、子どもも自分も成長していると実感し、子どもは親以外の保育者や友達との生活を楽しみ健やかに成長しています。

ところが、自分で育児している専業の母親たちのなかには、子どもと離れたらどんなに心理的に解放されていいだろうと思いながら、保育園に預けることをためらう傾向があります。子どもには自分が一番と思う〝母の手で〟への信仰と、人には任せられない他人への不信ともいえるものです。しかし、不安や不満を抱えながら育児していることが、母親にとっても子どもにとっても問題であることを考えれば、母親が一番は幻想です。

母親が(仕事を辞めて)専業で育児をする、つまり〝母の手で〟は、もっと発揮したい伸ばしたいもう一つの道が閉ざされ、否応なく一つの役割だけに閉ざされてしまった状況とい

えるでしょう。専業母親の不安や不満の根の一つは、自分が大事にしてきた役割の喪失です。家族役割だけではないもう一つの役割ももちたい、多重役割への強い希求ともいえるでしょう。

〝母の手で〟はすなわち父親不在——父親が子どもにうとまれる温床

〝母の手で〟の問題性は、もう一つあります。それは父親不在です。育児家事を妻・母に一任した夫は、父親とは名ばかり、時間も心身のエネルギーも職業に投入することになります。これは、すなわち、家庭や子どもの養育における父親不在で、家族は母子家庭と企業戦士に分裂したも同然です。その影響は多々です。父親の出番は子どもが大きくなってから、とよくいわれます。しかし幼少時に接触の乏しかった父親を、青年期の子どもたちは頼りになる存在とみていません（図38）。心の拠り所が欲しいとき、またいざというとき、父親は子どもたち（男女大学生）からほとんどあてにされていないのです。懸命に働いて家族を養ってきたのに、なんと淋しいことではないでしょうか。

職業人としてだけではなく、子どもの生活圏内で共に行動し家事や育児もする父親が、子どもに評価が高く魅力ある父親のようです（図39）。子どもたちは、父親の職業上の達成や地位によらず、日常生活のなかで具体的に父親がみせてくれる姿から父親を知り、その魅力を発見し、あてにできる人だとわかるのでしょう。親は、日々、子どもから試されているといえるでしょう。

父親であることではなく、父親になる、父親をすることは、子どもや妻にとってではなく、

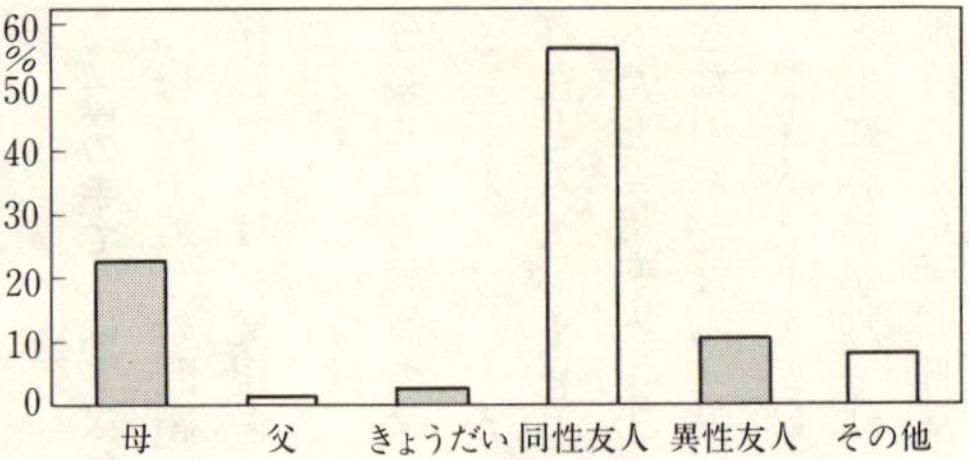

図38－1「気持ちが落ち込んでいるとき、誰に気持ちを理解してもらいたいですか？」(一番に選ばれた人の％)

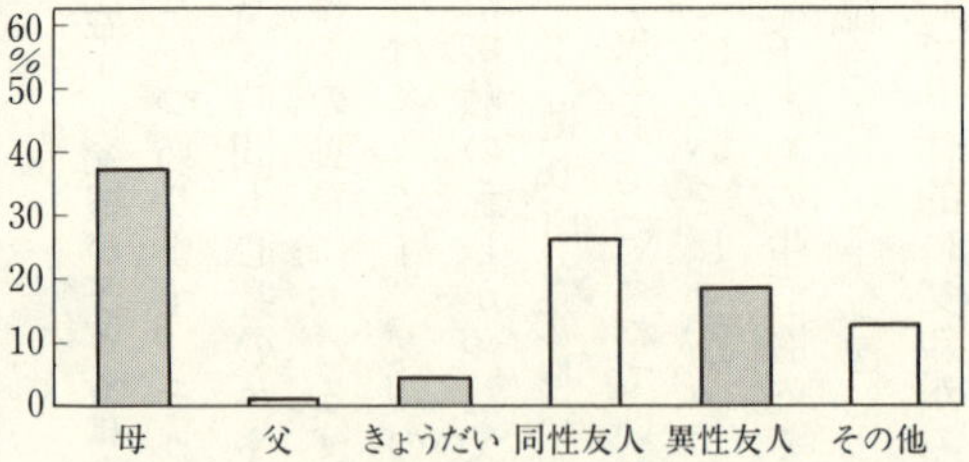

図38－2「その人のことを思い出すだけで、心が休まる思いがするのは誰ですか？」

図38　父親は青年の心の支えになっていない

（柏木、1999，未発表）

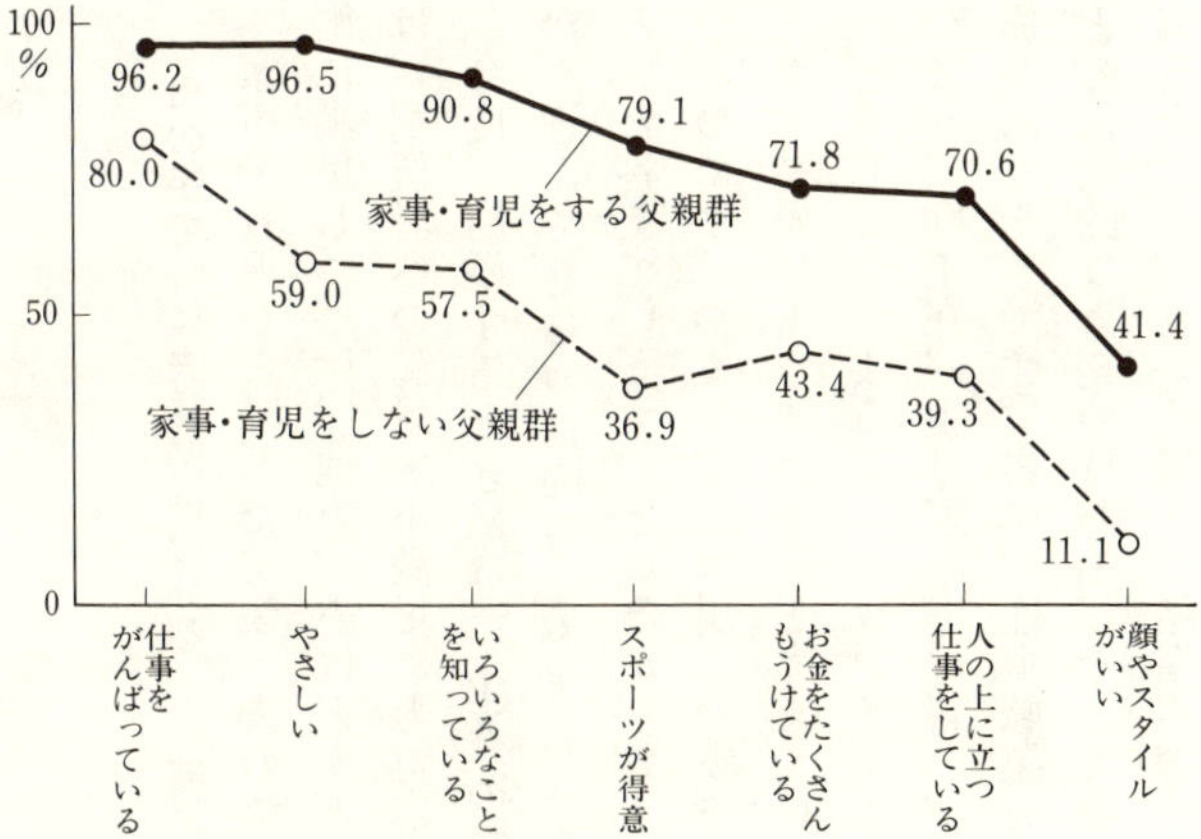

図39　子どもは父親をどうみているか
育児をする父親ほど高く評価されている　（深谷，1996）

男性本人にとって職業経験では得られない多くのことを学ぶ場です。父子家庭となって乳幼児期から子どもを育ててきたある父親は、当初やむなく始まった子どもとの密な日々の関わりやこまごました育児経験が、いかに自分の人生を豊かにしてくれたか、親をすることなしには得られなかったであろう多くの楽しみを味わい、そこで柔軟な感性や他者へのまなざしを学んだかを記録した本をまとめています。

子育ては〝母の手で〟と、父親は育児・家事から降りたことで、職業上の能率はあるいは上がったかもしれません。けれども、職業生活では得られない、親になること、親をすることによって得られる人間としての成長の機会を自ら放棄したことになるといえるでしょう。

〝母の手で〟は夫婦関係の分裂——結婚の価値をゆるがす

家事・育児から降りた父親・夫の位置は、妻との関係でも危うくなります。先に、夫は結婚に満足しつづけ、他方、妻はどんどん不満が高じるデータをみました。結婚満足度のずれは、配偶者への満足・不満足にも対応したかたちでみられます。

「今度、結婚するときには」、①今の配偶者と、②別な人と、③もう結婚しない、のいずれかを選んでもらった回答をみましょう。結果は、夫では①が断然多く、七〇％が「今の妻と」と答えています。ところが、妻では②や③の方がずっと多く、これが六〇％にも達しているのです。つまり、夫は現在の妻や結婚におおむね満足しているのに、妻の方では別な人とか、結婚はもうまっぴらと考えている場合が少なからずあるのです。

どうしてこのようなミスマッチが生じたのでしょうか？ 子どもの誕生以後、夫は職業人、つまり家庭不在、妻は家庭で母親と、二人の生活が分離し別個な役割を生きてきたことと関係がありそうです。妻は女性も職業をもつべきだと考えている、ところが夫は女性は家庭、との伝統的な考えの持ち主、そこで妻は自分の意志に反して職業を辞めて家庭に入り専業主婦となった、という層に、結婚への不満や夫とはもうこりごりとの気持ちがもっとも強くみ

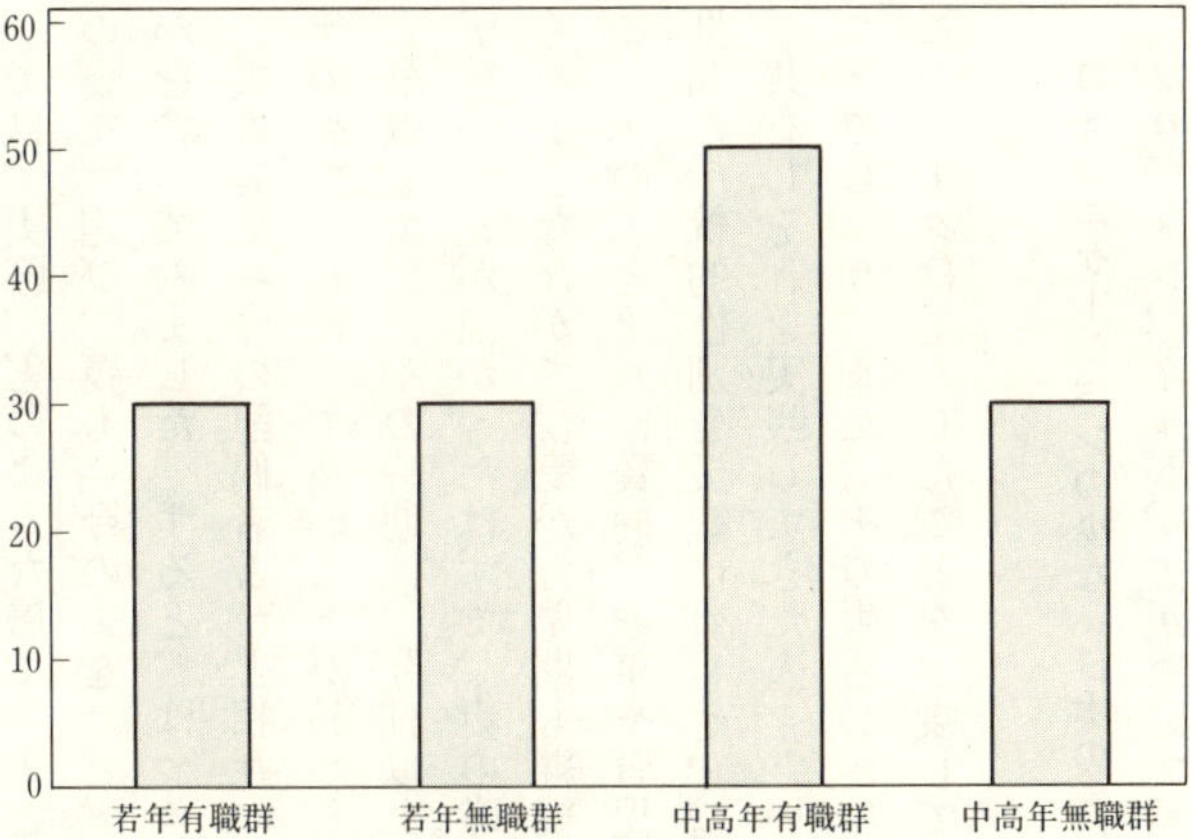

図40　相手に満足しているカップルは？（%）
もう一度結婚するなら「今の夫」「今の妻」としている群
（柏木・数井・大野、1996）

られています。

日本では性別役割分業観に男女差が大きく、男性の方が伝統的——男は仕事、女は家庭の考えが強い傾向があります。この差が夫婦間にもあるでしょうから、妻は自分の意志に反して夫の考えに沿った生活を強いられることが少なくないと考えられます。そのようなとき、妻・女性側に結婚への不満が高じ、果ては離婚の危機へとつながる可能性が大きいのではないでしょうか。性別分業について夫と妻の意見が食い違っていることが離婚につながることは、アメリカではっきり認められていて、職業と家族役割を夫婦でどう担うかについて夫婦の意見が一致しているか否かは、結婚の満足を左右するキーとなっています。

では、実際、どのような層で、夫と妻は相互に満足しあっているでしょうか？　夫も「今の妻を」選び、妻も「今の夫を」と、相互に相手に満足しているのは、どのようなカップルかを調べてみました。すると、はっきりとした傾向が出てきました（図40）。

夫も妻も「今の配偶者と」と相互に満足しあっているのは、妻も職業を継続してきた中高年の層できわだって多いことがわかります。現在五〇～六〇歳代で妻が出産後も職業をずっと継続してきたその時期は、今日以上に〝母の手で〟規範や〝男は仕事、女は家庭〟という伝統的考えが強かったはずで、妻の職業継続には多くの困難があったにちがいありません。そのようななかで、妻が育児期も継続して職業をもちつづけてこられたのは、妻自身の働くことへの志とそれに賛同し家事や育児をともに担ってきた夫の協力あってのことでしょう。世間の伝統的性別分業観に対して、「男も女もともに仕事も家事・育児も」の価値観を夫婦が共有しそれを実践してきた人々といえるでしょう。それは、夫婦間の信頼と愛情あってのことでしょう。また、その生活がさらに強い信頼と愛情を育む基盤ともなったことでしょう。このデータはそうしたことを示唆しています。

コミュニケーションの少ない日本の夫婦――夫は威圧か無視・無関心

フロ、メシ、ネルが、夫が家庭で話す言葉といわれたものです。さすがに最近はそれほどではなくなったようですが、それでも日本の夫婦間の会話は活発で相互に共感的なものとはいえないのではないでしょうか。夫から妻への暴力が、ドメスティックバイオレンスという犯罪だとようやく認知され訴えられるようにもなりました。この暴力は夫の収入、学歴、社会的地位に関係なくあらゆる層に広くみられるとのことです。これは夫婦間の密なコミュニケーションの欠如と対等な夫婦関係不在という、日本の夫婦の問題性を示唆するものではないでしょうか。

子どもの問題や障害を夫に相談しても、多忙を理由に妻は相手にされない、また任せているのだからよしなにやってくれと取り合ってくれない、必要な相談機関にも同行してくれない、という母親・妻の訴えはよく耳にします。相談が夫婦間の問題の場合も、妻側だけが相談に来て夫はなかなか来ないことが多いとのことです。いずれの場合も、父親・夫が相談に来るようになることが、解決の糸口になるのですが――。

夫とのコミュニケーション不在は、何も特別な問題を抱えた家族に限りません。かつて対等のよき話し相手として始まった恋愛結婚夫婦も、一方は職業、他方は家庭や近隣と、生活を分離させたことから、共通の話題も関心も、さらにはコミュニケーションの能力までも、妻と夫とでかけ離れていってしまうからです。

夫婦間の会話を分析してみますと、妻側からは夫に寄り添って話題を提供し親密な関係を

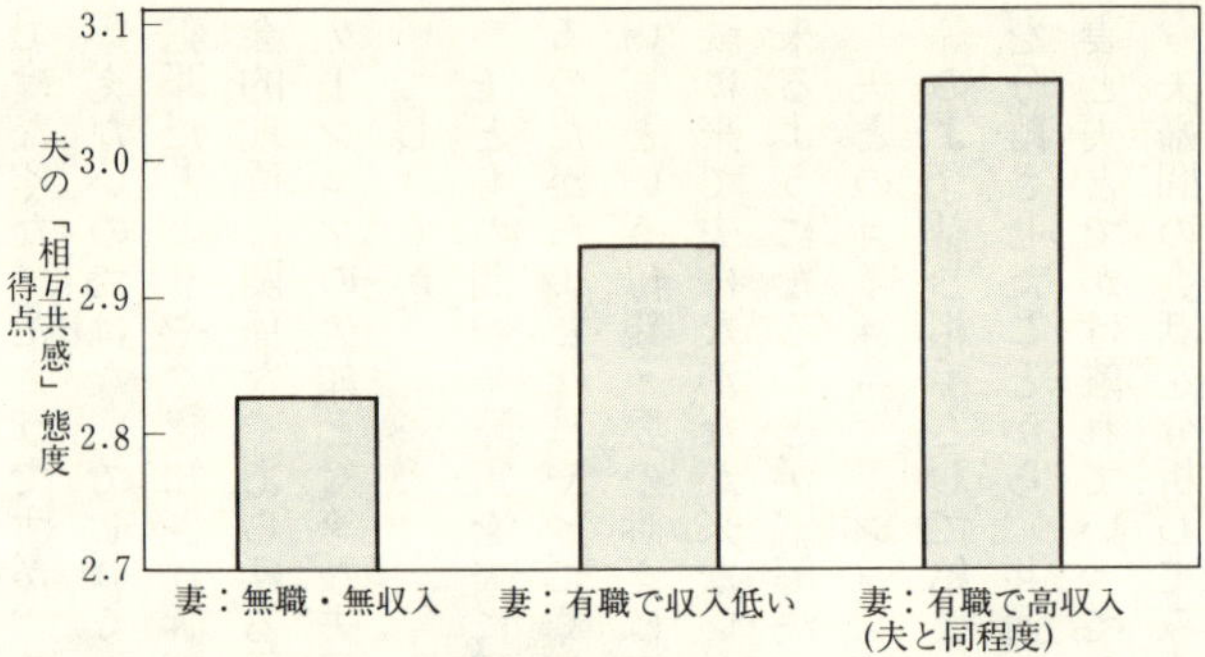

図41　夫から妻への「相互共感」態度
妻の経済力は夫の態度を変える　（柏木・平山、2000）

つくろうとする、夫から妻に対しては、話し合うよりも威圧や命令で応じたり、無関心や無視であしらう、といった傾向がみられます。夫と妻は対等とはほど遠く、アンバランスな上下関係といえましょう。

妻の経済力は夫との関係を変える

では、こうした対等でない関係は何によっているのでしょうか？　どのようなとき、夫婦は相互に対等に共感しあうコミュニケーションを交わせるのでしょうか？　この点を分析してみますと、カップルの学歴や年齢、職業などは、ほとんど関係がありませんでした。唯一わかったのは、妻の経済力でした。妻が無収入のとき、夫の相互共感的な態度は最低で、妻の経済力が高くなるほどに夫の「威圧」「無関心」の度合は減少し、妻に対して共感的な態度が強くなっています（図41）。

妻の収入が夫とほぼ同じというのは、妻がフルタイムで職業を継続してきた共働きのカップルが大半でしょう。この夫と妻は、ともに親役割と同時にそれぞれが職業をもち経済力をもってきた、そのことが、経済上のことにとどまらないことをこのデータは物語っています。夫と妻が対等の関係でいられる基盤に、双方が匹敵する社会的な場と経済力をもっていることが重要だといえそうです。この結果は、先の結婚満足度でもやはり妻が継続職業群でもっとも高かったこととつながるものでしょう。

これらのデータも、日本の社会でしばらく続いてきてそれなりの効率性と満足感を与えてきた性別分業が破綻していることを示唆するものでしょう。何かの折りに、「食わせてやっている」という言葉が夫の口からポロっと出る、との妻の話をよく聞きます。これはその裏返しの事情を物語るものでしょう。

未婚の女性たちは、経済的に不自由になることを結婚のデメリットとして挙げています。それはおそらく女性の晩婚化の一因でしょう。そういうのは、自分で働いて得た収入を享受できる、いわゆる独身貴族の言い分と批判されるかもしれません。しかし、自分の労働によって得た経済力をもつことは、単に可処分所得があるということにとどまらない、自分の精神の自由を保障するものでもあるのではないでしょうか？　夫との関係が妻の経済力によって左右されるという先のデータは、そのことを示唆しています。彼女たちが結婚して仕事を辞めざるを得なくなったとき、自分の経済力を失うことで彼女たちが予想するものは、単にブランド品が買えなくなるだの、海外旅行に行けなくなるといったことばかりではないでしょう。自らの労働によって得る経済力をもたなくなることが、夫との関係や自分の生活にも

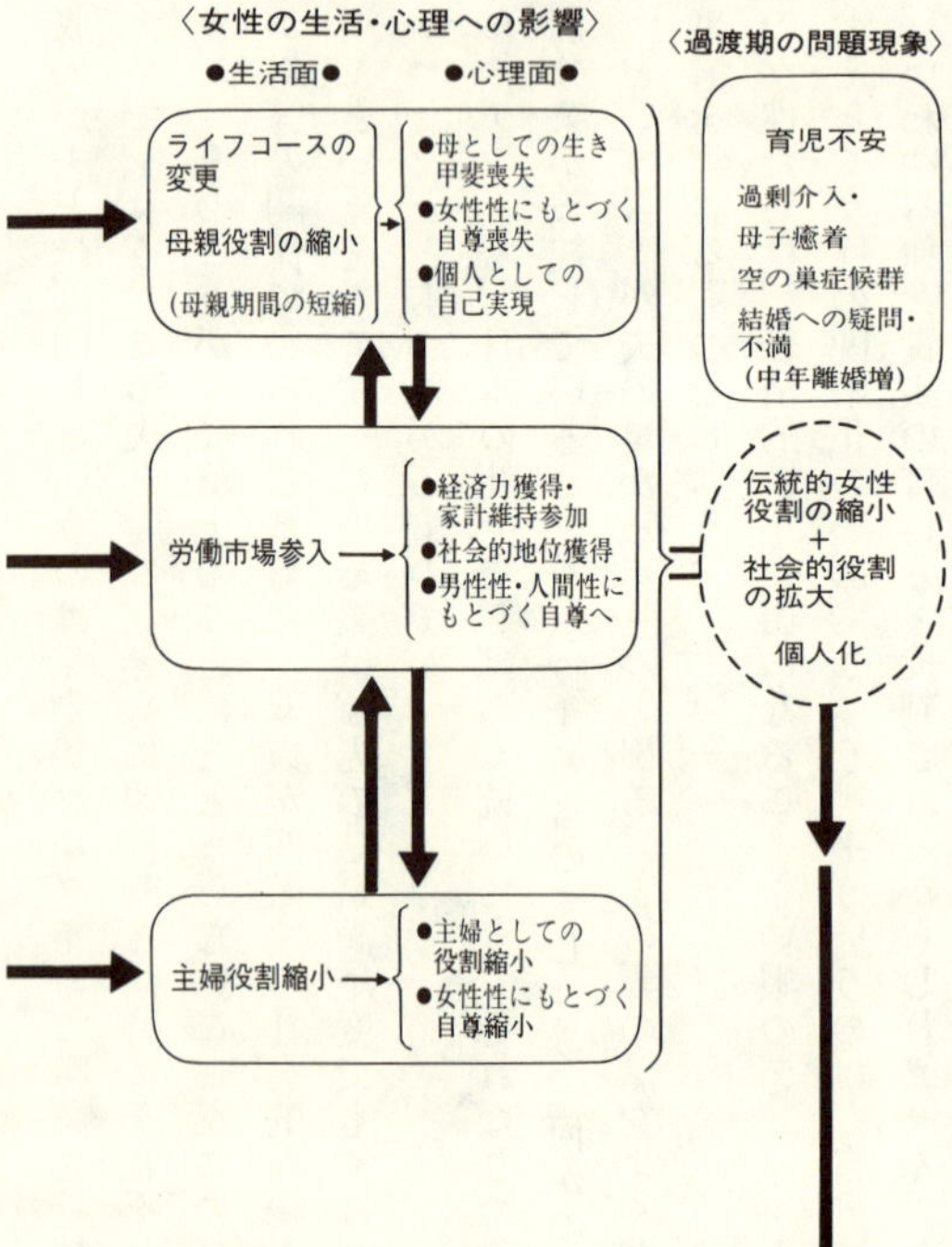

図42　社会変動と家族・個人(男女)の心理発達

(柏木、1999)

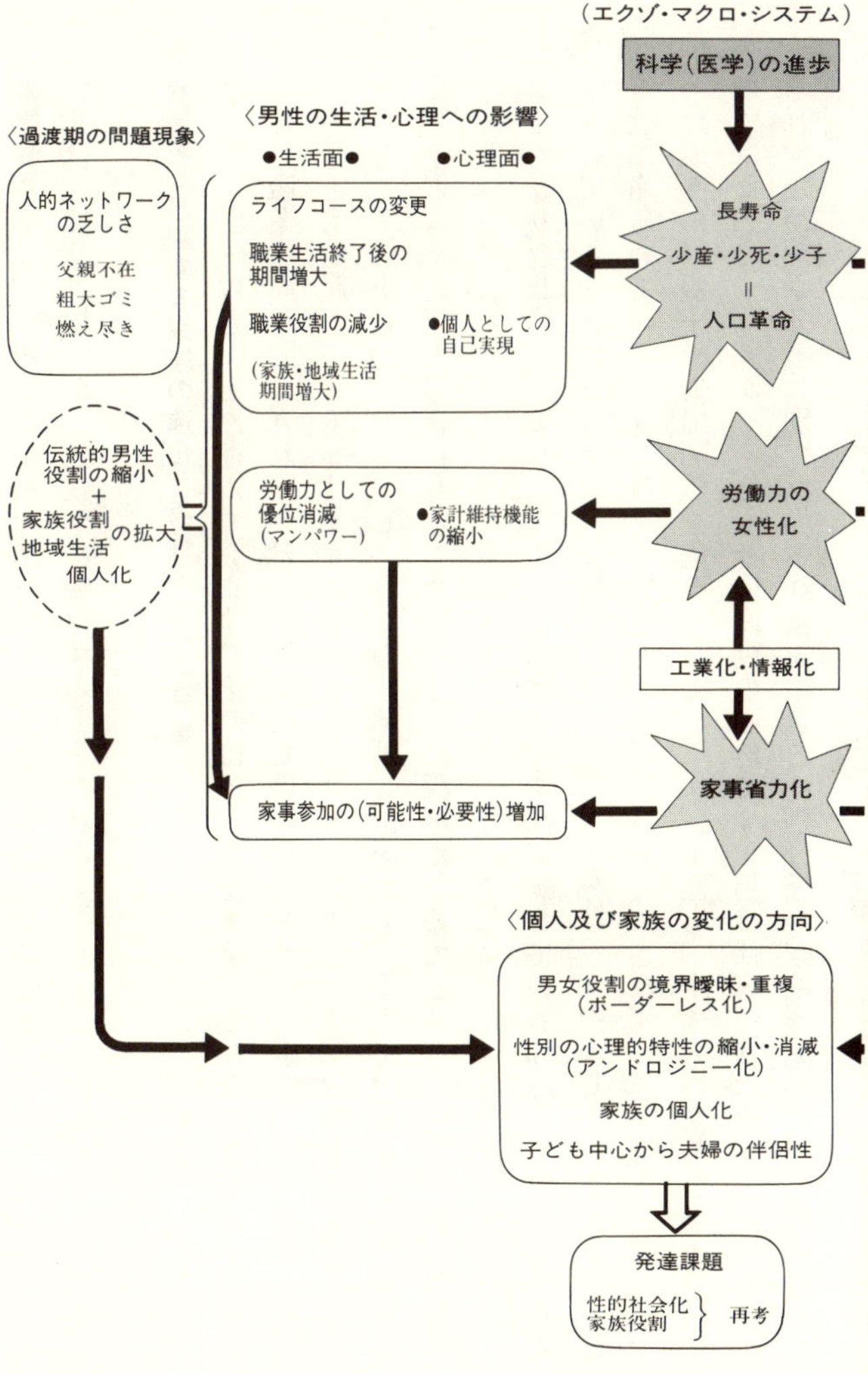
（エクソ・マクロ・システム）
科学（医学）の進歩
長寿命
少産・少死・少子
＝
人口革命
労働力の
女性化
工業化・情報化
家事省力化
〈男性の生活・心理への影響〉
●生活面●
●心理面●
ライフコースの変更
職業生活終了後の
期間増大
職業役割の減少
（家族・地域生活
期間増大）
●個人としての
自己実現
労働力としての
優位消滅
（マンパワー）
●家計維持機能
の縮小
家事参加の（可能性・必要性）増加
〈過渡期の問題現象〉
人的ネットワーク
の乏しさ
父親不在
粗大ゴミ
燃え尽き
伝統的男性
役割の縮小
＋
家族役割
地域生活
個人化
の拡大
〈個人及び家族の変化の方向〉
男女役割の境界曖昧・重複
（ボーダーレス化）
性別の心理的特性の縮小・消滅
（アンドロジニー化）
家族の個人化
子ども中心から夫婦の伴侶性
発達課題
性的社会化
家族役割
再考

多大の影響があり、おそらく不利な状況がもたらされることを予知してのことでしょう。あえていえば、「独身貴族」が「奴隷」に転落する、その状況を予感してではないでしょうか？

社会変動と連動する家族の進化と男性・女性の発達

女性の高学歴化はどんどん進んでいます。それは、工業化・情報化社会の必然です。その女性たちの職業志向が閉ざされつづければ、また女性の働きやすさが変化しなければ、女性は結婚も子どもを産むこともますます躊躇するでしょう。この状況下では結婚の価値は決して大きくなく、低下しつづけるでしょうから。結婚した層でも、子育て中の母親の育児不安は増え、子どもや育児と母親自身との葛藤はさらに深刻になるでしょう。夫との溝も深まってゆくでしょう。これは誰にとっても不幸なことではないでしょうか？

ここまで繰り返し述べたように、その元凶は、すでに破綻している〝母の手で〟が今もって信奉されていることにあります。〝母の手で〟と育児を女性のものとしていることは、女性を苦境に陥らせているのみならず、男性も子どもからあてにされず、妻にもうとまれる、といったふうに、親子・夫婦関係を危うくしています。男性も、生き方の変革が求められているのではないでしょうか。それも社会変動の必然です。男は仕事、女は家庭と、夫と妻がそれぞれ別な役割を分担し別な世界と経験を生きる性別分業の家族形態が、最適性を喪失し、それに代わる家族と個人のあり方が求められています。近年の社会変動は、家族と人間（男性・女性）とがある一定の方向に進化・発達することを促しています（図42）。

女性の側は、少子と長命化から従来の女性＝母親・妻では済まなくなったことに早く気付き、育児不安に陥り、職業継続を志向しています。男性とて長命は同じ。従来の男性＝職業人では幸せな人生とはならないことは歴然です。この気付き方が男性でどうも遅いのは、考える暇もないほど多忙だからでしょうか。それとも性別分業の既得権の魅力が大きく、それを失いたくないからなのでしょうか？　理由はともあれ、社会変動に最適な家族のかたちと男性・女性の生き方をいかに創りだすことができるか、日本人の知恵が試されています。

5章　子どもを〈つくる〉時代の問題

1　「精神的価値」としての子どもは幸せか？　恵まれているか？

庇護された豊かさが失ったもの

日本をはじめ豊かな先進工業国では、子どもは家庭を明るくする、生き甲斐になる、絆になる、老後の精神的支えなど、精神的心理的な価値をもつ存在とされ、手厚く保護され高い教育を与えられていることをみてきました。

かつては日本でも、子どもが幼少時から家業や家事、子守りなどの手伝いをし、働き手の一人でした。それが、もう子どもの労働や稼ぎをあてにする必要はなくなり、子どもはもっぱら親の心を満足させる存在、親の愛情の対象となりました。これは、子どもの身にとって大きな変化です。過酷な労働などまったく無縁の生活となり、家では手伝う余地もなくもっぱら手厚い保護を受ける身になったのです。それどころか、子どもの存在そのものが、親に精神的心理的な満足を与える価値ある存在とされているのです。

このような今の子どもの生活を、戦前・敗戦直後の子ども時代を経験している世代の人々は、「恵まれている」とみています。貧しく厳しい子ども時代を送らざるを得なかった世代の人々が、子どもにはそのようなつらい経験をさせたくない、幸せな子ども時代を送らせたいと願って努力しての今日といえるでしょう。その限りでは成功し、「恵まれた」子ども時代をもたらしたといえるかもしれません。

しかし、労働や稼ぎを求められず、ひたすら精神的・心理的価値が期待されているということは、当の子どもにとって本当に恵まれたことなのでしょうか？　果たして幸せなことでしょうか？　答えはノーです。その理由は、子どもの命がほぼ完全に親の手のうちに入ってしまった、子どもは親の意志・決断の産物となった、その親による子どもへの教育的営為は多くの問題と限界をはらむことになったことにあります。

子どもの労働の意味——思いやりと他者を助ける力を育てる

幼いときから勉強はおろか遊ぶどころではなく働くことを余儀なくされ、しかもその稼ぎは親や企業の懐に入ってしまう、そのような貧しい国々の子どもを考えると、その限りでは日本の子どもたちは幸せでしょう。けれども、子どもたちが働く必要も機会も経験も失ったことは、自力で〝やった！〟〝できた〟と自分の有能さや達成感、さらに自尊などを味わう機会を失ったこと。これは、子どもの発達にとって大きな損失です。

一九三〇年代初頭の大恐慌時代、親の失業や家業の倒産などによって没落した家庭の子どもたちは、それまで親に庇護された豊かな生活がすっかり崩壊してしまいました。その子どもたちのその後の成長を追った研究は、過酷な環境の変化が子どもたちに必ずしもマイナスとはなっておらず、むしろ自分の存在や力に自信や自負の念を抱き強い達成への動機が育っていたことを明らかにしています。家庭の没落に出会った後、子どもたちはやむなく働きに出たり家事や子守りを引き受けることになりました。それは、それまでの手厚く庇護されてきた身にはつらい経験でしたが、自分のわずかな稼ぎや家事をしたことが親の助けになり親を喜ばせる初めての体験でした。自分のしたことが親の力になれるとの経験は、自信や自尊感情をもたらしたばかりか、それまで親から与えられ、してもらうばかりだった自分が、他者のために役立つという喜びも初めて味わったのです。

他者への共感と援助する行動は、幼いときから家業や家事を手伝ったり弟妹の世話をするなど、他の人のために働く機会のある社会の子どもたちに強くみられます。自分が他人の役に立ち喜んでもらえる経験が、他者を共感的に理解し、必要な手を差し伸べる力を養成し発達させるからです。

日本の子どもたちは、豊かで便利な生活のなかで親に何でもしてもらい不自由なく与えられています。自分でする必要は何もない、自分の勉強や遊びだけでよい、そのような境遇で子どもが育つことは、前述のような貴重な発達の場を失っていること。それは、大変不幸なことではないでしょうか。

そもそも子どもに実用的な価値は期待しなくなり、もっぱら精神的価値を期待するようになったとき、親は子どもを厳しく訓練することは避けることになりがちです。愛情の対象である子どもに厳しいしつけや訓練をして、親と対立的な関係をつくることは、土台、自己矛盾で、それを避けようとするのは自然の流れですから――。

「できるだけのことをしてやる」親の愛情の誤算

加えて、日本では、「できるだけのことをしてやる」ことが即、親の愛情と考えられています。この〈親の愛情＝してあげる〉イデオロギーも、一層庇護的な環境をつくる方向に働いていることも否めません。ものであれ教育であれ子どもに精いっぱいしてあげる・与えることが、親の愛情のあかし、親として自然・当然のことと考えられています。その結果、子どもに厳しいしつけや訓練をすることや、まして子どもに働くことを求めることは、自然避けられ、少なくなってきました。

この点は、同じ先進工業国である欧米でも子どもを「精神的価値」とみなしてはいるものの、子どもをどう遇するかについては日本とだいぶ違います。欧米では、服装にしても食べ物にしても教育にしても、できる限り精いっぱいの潤沢を与えるようなことはしません。必要な栄養と衛生には気を配っても、それ以上の贅沢なものを与えることはしないものです。

教育にしても、「大学ぐらい出なくては」などとは考えません。それぞれの子どもの特徴や関心に応じた教育や学校を考えます。家事もどしどしさせるし、外で働いて稼ぐこともさせます。子どもは、幼いうちからただ親にしてもらうだけ、与えられるだけの存在ではなく遇されています。

〝よかれ〟との親の教育は子どものための教育か？

社会のためでもなく当然のことでもなく、子どもは諸条件を勘案してつくることを選択した結果のものとなりました。産むと決め産んだからには、その子どもに万全のことをしてやるのが親の愛情と思い、実際そうしているのが今日の常です。子どものために〝できるだけのことをしてやりたい〟は、親の愛情のなすところと誰しもが考えています。

しかし、そうした親の愛情にもとづく子育て、教育の実態はどのようなものでしょうか？　つくらないという選択もありえたがつくった、つくったからにはできるだけのことをと考える「できるだけのこと」の内容は、子どもをつくる前からおおむね決まっています。ひとりひとりに個室を与えるのはもちろんのこと、大学教育は当然、それも私立でも場合によっては外国でもいい大学にやりたい、そのためには幼いときから塾やおけいこも、と親は計画しその経済的投資も見込んで、子どもをつくるか否か、いつか、何人かを決めているのがおおかたです。親が子どもにしてやりたいこと、子どもへの教育の中身は、生まれてくる前にその子どもの意志や個性に関係なくあらかた計画され決められているのです。

好奇心と自発的な探索と試行錯誤で学ぶ子ども――発達の主人公は子ども

確かに、親たちは子どもによかれと思い、経済も心身のエネルギーもできるだけのことを子どもに注いでいる、それは親ならではの行為にはちがいないでしょう。しかし、この「よかれ」は、その子どもにとって本当に「よい」ことなのでしょうか？　ここでは、子ども自身の望みや能力、個性などを考慮するよりも、親の期待が先行しがちです。「先回り育児」ともいわれます。子ども数の減少にもかかわらず、子ども服やおもちゃ、さらに各種の早期教育など子ども産業は隆盛しつづけています。こうした教育の市場化は、子どもが求め選んでのことではなく、「よかれ」との親の意向や好み、教育熱心の価値観に迎合してのものです。そこでは、発達の主人公である子どもはないがしろにされています。

子どもに教育が必要なことはいうまでもありません。しかし、子どもは教えられることによって以上に、子ども自身の好奇心から自発的に探索し、あれこれ試行錯誤することによって学ぶことが、きわめて大きいものです。試行錯誤の末にわかった！　苦心したあげくできた！　という体験は、単に能力がついたことにとどまりません。子どもに有能感を味わわせ、自信をもたせます。このことは、子どもに限らずおとなでも同じこと。自分の関心にもとづいて自発的に学び成果を挙げる経験がどんなに素晴らしいことかは、誰もが知っていることでしょう。

子どもが親の「つくる」ものとなった今日、子どもを私物化しやすいものです。つくった子どもへの強い思い入れに発した親の「よかれ」は、往々にして親の価値観や期待の押し付けになりがち。そして発達の主体である子どもが自発的に試行錯誤し発見してゆく学習の機会を奪ってしまっているといえるでしょう。

さらには、子どもを「いい」学校に入れることが、親の生き甲斐や勲章となっている場合も少なくありません。これは、親のための子どもの教育であって、子どものための教育は不在です。親の教育熱心はかえって、発達の主人公である子どもに貧困な経験と環境を与えてしまっている危険さえ多々です。

親のできることはほんの少しばかりのこと――子育て支援から子育ち支援へ

親の教育の限界は、発達の主体の無視、そこには子どもの自発性や好奇心にもとづく探索や試行錯誤による発見と学習は不在です。しばらく前、なぜ勉強するのか、子どもたち（小学生から高校生まで）の学習動機づけを日本とイギリス、マレーシアなどと比較研究しました。そこで日本の子どもたちに特有のこととして 親の期待に応えるため、親を失望させないように、との動機で勉強するという態度がみられました。これは他国にはないことで、日本の子どもたちが親の期待をよくもわるくも強く意識していることを示唆するものでしょう。しかも重要なことは、この親の期待・願望のためにという動機づけが強い子どもは、自信や自発性が乏しい上、強い疎外感も抱いていることでした。親がよかれと先回りして子どもに過大な期待や教育をすることが、決して子どものためにはなっていないといえるでしょう。

最近、「子育て支援」の必要性がしきりにいわれ、さまざまな支援策が試みられてもいます。ここで気になるのは、子育て——親やおとなから子どもへの働きかけだけがとかく重視されがちなことです。今、むしろ必要な支援は、発達の主体である子ども自身が育つ場と経験を保障することです。親の「よかれ」によってお膳立てされたことが、子どもの自発的な探索を阻害している、子育ちが十分に展開することを妨げているからです。

できるだけのことをしてやるのが親の愛情と考えるのは、思い込み。また「よかれ」との親の子育て・教育も、決して子どものためによくない、むしろ貧困な発達環境に限定してしまっている、このことを子どもを「つくる」こととなった今日、自戒すべきだと思います。

「親のできることはほんの少しばかりのこと」と。

かつて、子どもが誕生すると、教養があり心身健康な乳母を雇うことが慣行となっていた時代がありました。また養子に出されることもしばしばでした。産みの親が一番とは考えない、子どもの養育は子どもを尊重し愛情をもって育てる人なら誰もができると考え、親が陥りがちな私情を超えた養育の長所を知ってのことでしょう。子どもたちは乳母や養親の養育の下、つつがなく成長していました。

社会が育てる、みんなで育てる——よその子を褒める・叱る文化

電車の中などで、子どもが騒いだり行儀悪くしてあたりに迷惑をかけている光景は、よく目にします。けれどもほとんど誰も注意したり叱ったりしません。そばに親がいればなおさらで、みんな嫌な思いをしながら見て見ぬふりをしています。

このようなことは外国ではないこと。気がついたおとなが、親がいようといまいと子どもに注意する、そして自分の子どもが叱られたり注意されるのを、親は感謝こそすれ、それを怒ったり嫌がったりしません。次の風景は、パリでの見聞としてフランスに長く住んでいる日本人が記しているものです。

「ある日、パリの喫茶店で見かけた光景だが、隣に四、五歳の子供をつれた夫婦がすわっていた。そこへ給仕のおばさんが飲み物を運んで来て、子供の前に置く。その子が無言でコップに手をだすと、『ちょっと、こういう時、何て言うの？』と催促する。親がいったのでは

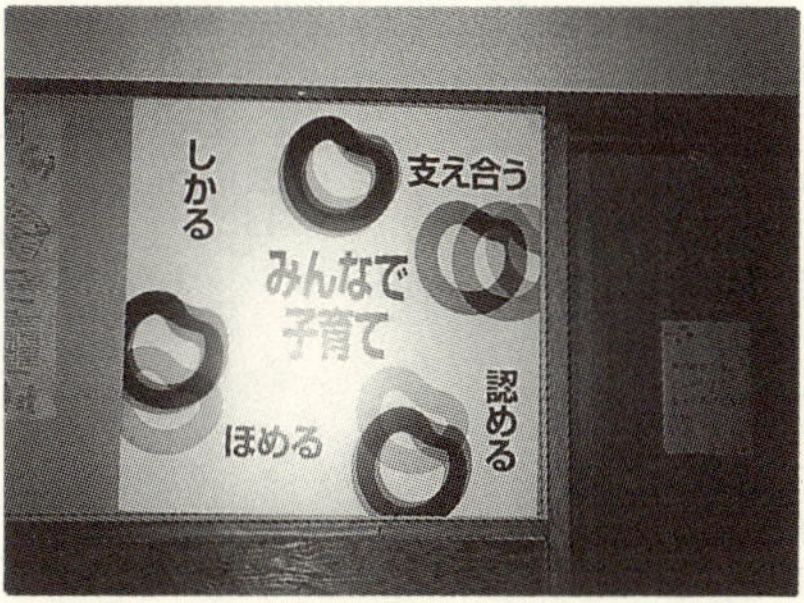

図43　みんなで子育て

ない。親の前で、注文された品を持ってきた給仕の女性が、お客の子供に『メルシー・マダム（ありがとうございます）』といわせようとするのである。親は面白そうに成りゆきを見守っている。この社会教育は子供がついにお礼の言葉を口に出すまで根気よく続けられた」（二宮正之『私の中のシャルトル』ちくま学芸文庫、二〇〇〇）

このような社会教育ともいえる出来事が、ようやく注目されるようになってきたようです。

次は、最近の『朝日新聞』のコラムにあった記事。

「満員電車で、赤ん坊が泣き出した。険しい視線が母親に集まる。と、年配の女性が母親に話しかけた。『眠いのかしらね』。母親は『うるさくてごめんなさい』と謝る。女性は続けた。『何を言ってるの。お母さんが一番つらいのよね』。車内の空気がやわらかくなった。――」

これは、「小さな親切」運動本部に寄せられた体験の由ですが、この年配の女性の一言が、車中の人々の赤ちゃんとそのお母さんへの心を養っているといえるでしょう。

ある地域子育て支援施設では、「（自分の子どもだけでなく）よその子どもも叱ろう、褒めよう」を、そこに集まる親たちの間の申し合わせにしています。このことで、母親だけの子育てと我が子主義の弊害を打開し、子どもたちが自分の母親以外のおとなからも見守られ励まされ支えられている実感をもつように、との願いからです。このモットーは、この施設ではかなり根付いてきています（図43）。

2　親のエゴイズムが潜む子どもの価値

子どもの価値にもジェンダー問題があることはすでに述べましたが、それは親の子どもへの期待に潜むエゴイズムの問題ともいえます。その端的な現れが、最近の女児の価値の上昇、さらに母親と娘との緊密な絆です。

子どもの性によって価値が違う、それはいつの世も世界のどこでもあることです。どちらの性が価値をもつかは社会経済上の条件と密接に絡んでおり、工業化以前の社会それに男子相続の時代には、古今東西、ひたすら男児が待望されたのでした。江戸時代の出生記録に残されている子どもは不自然に男児が多く、女児は間引く性選択がされていたのではないかが疑われています。女児の命は、男児より軽くはかないものだったのです。どうすれば男児が生まれるか、おまじないや食べ物、動作などの俗習も多々あって、親たちの利益にかなう子どもの性選好が当時、いかに強かったかをうかがわせます。このことは、ごく最近まで続いていました。死亡率には歴然として男女差があり、女性の寿命は長いこと男性より短かったことは既にみた通りです。今日、女性の方が長生きだと常識化していますが、それは工業化社会になってのことなのです。

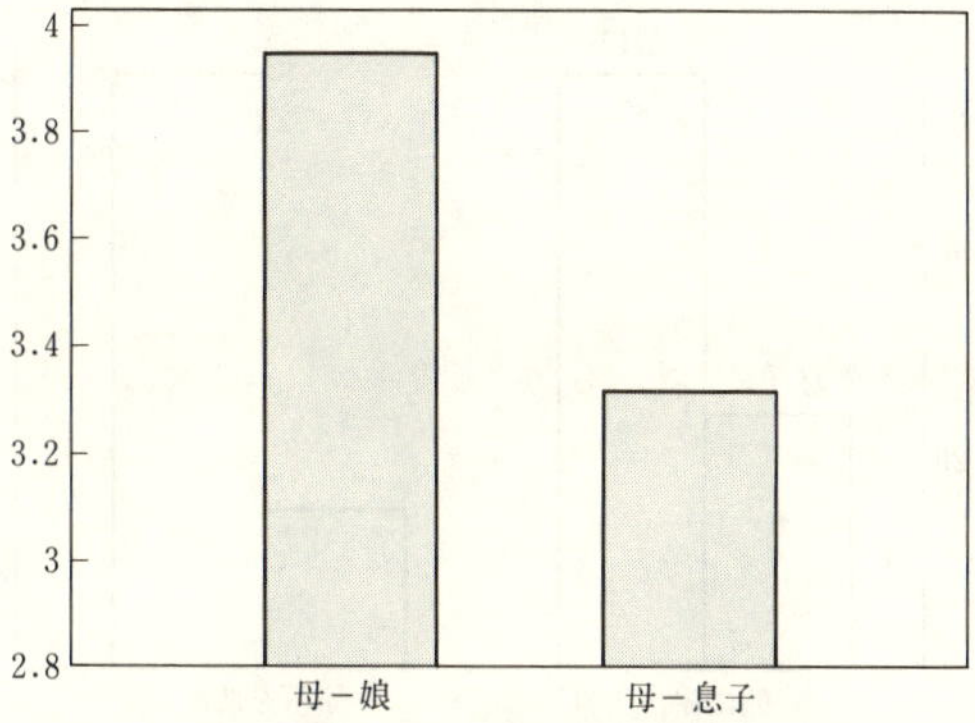

図44　母親は息子よりも娘と断然強い絆

（高木、1999）

女児の価値の上昇と強い母―娘の絆――一卵性双生児現象の心理

工業化進展と長男相続制の消滅は、男児の価値を後退させ、代わって親の長くなった老後を精神的に支える価値をもつものとして女児の価値が上昇しました。一九七〇年の「子どもの価値」プロジェクトでの日本データと、ごく最近日本で行われた調査結果とを突き合わせてみますと、女児の価値の上昇は歴然です。これは、他国にはみられないほど顕著です。

その結果、母親と娘との間には強い絆が結ばれることになりました。母娘一卵性双生児といわれるほどいつも一緒、類似の身なりで仲のよい母娘の姿は、昨今、街のあちこちでみかけます。息子と娘両方をもつ母親を対象に、母親が息子・娘それぞれにどのような感情を抱いているか、何を期待しどんなことを一緒にするかなどを詳しく質問します。その結果から、母—息子の絆と母—娘の絆とを比べてみますと、娘との関係が感情の点でも一緒に行動する共行動の点でも断然強いものでした（図44）。

しばらく前、母親が息子にいつまでも過保護・過干渉し息子もそれに甘んじている「冬彦さん」が、話題になりました。しかし今は母親の関心が息子よりもむしろ娘に移った観があります。これも、男の子よりも女の子の方が老後の精神的支えとなる、娘の方が価値ありとの長期的な予測の結果です。母親たちは娘に対して家事を助けてもらうことや近くに住むなどを、息子以上に期待しています（図45）。

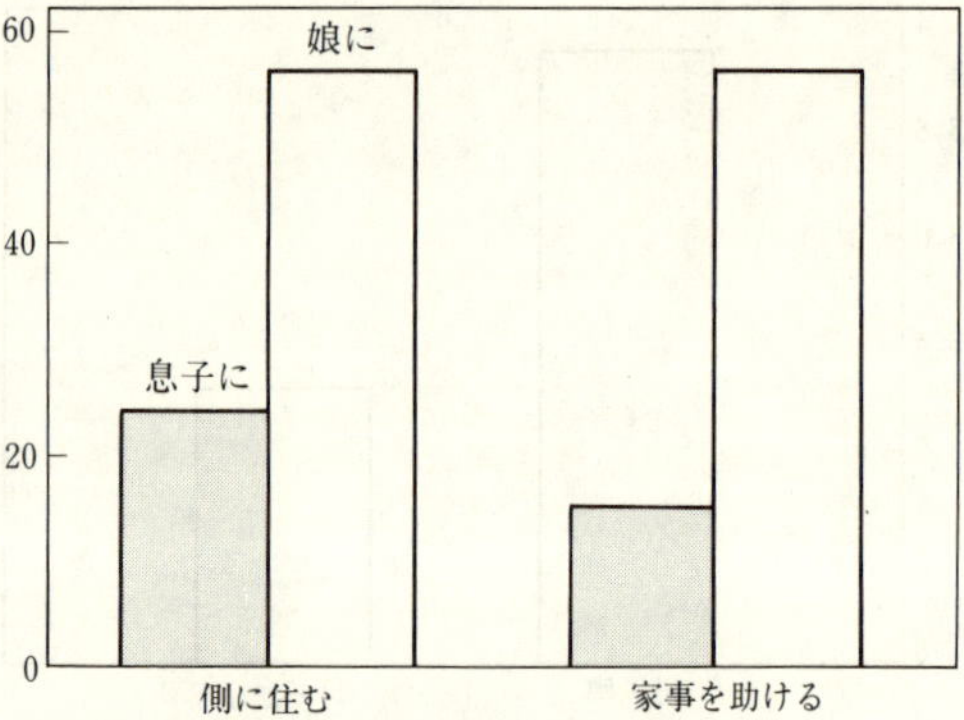

図45　母親は娘に大きく期待している
世話という新しい実用的価値を娘に
（Makoshi & Trommsdorff, 2000）

親子関係は結合と分離――保護期間としての結合と自立のための分離

人間は、哺乳類のなかでも大変未熟無能で誕生する種です。従って、誰かの保護・養育なしには絶対に育ちません。また動物とは違って、自分で食べたり移動したりできるようになればそれで子育てはおしまいとはなりません。言葉遣いや礼儀・マナー、社会のルールなどを身につけなければ一人前とはいえず、これらを教えることも子どもの養育のなかに含まれます。そこで親の養育期間は自然、他の動物より長期にわたることになります。

この養育機能を担うのは、多くの社会ではまず親です。そこで人間の親子は、他の動物にはないほど長期にわたって緊密な結合関係をもつことになります。それだけに、親と子との間には強い情愛が育ちます。しかし、親子関係はこの結合関係では終わりません。親と子が分離し、それぞれが自立して生活することになってゆきます。通常、子どもに必要な養育の完了がすなわち子どもの自立であり、そこで親子は分離するものです。

親子関係というと、愛情とか保護といった結合関係にスポットがあてられがちですが、親、子それぞれが自立の力をもって分離することも重要な親子関係の相です。

人類の親子関係の特殊性――長い、けれども文化によっていろいろ

ところで、この親と子の分離は、その時期、厳しさなどが社会によって違います。子どもに経済的・実用的価値を期待している社会では、ごく幼いうちだけは食べさせ世話をした後は、子どもは働きに出て独立します。仮に一緒に生活していても、もう親に保護される結合関係からは脱していて、れっきとした一家の稼ぎ手の一人です。

豊かな工業化社会では、高い教育を与えることも親の養育のなかに含まれます。そこで、子どもは「お金のかかる存在」とさえみなされるのです。そしてこの間は、子どもと親は依然として結合関係にあり、教育を終え就職して経済的な自立をした時点で、ようやく子どもは親から分離するのが通例です。食事や排泄、着衣などの身辺自立は幼少時にすでに完了しており、それに加えて経済的社会的自立能力を獲得したのですから、もう一人前、ここで親から分離するのは自然・当然のことでしょう。

パラサイト現象は親子の分離不全――結合に偏った日本の親子関係

ところが日本では、親と子との結合関係はさらに続きます。山田昌弘氏の巧みな造語「パラサイト」――ちゃっかり他の植物に寄生して生きる虫や植物――は、そのきわみです。

現在、小学校四年生から高校三年生の子どもの父親・母親たちが、結婚前どのような生活

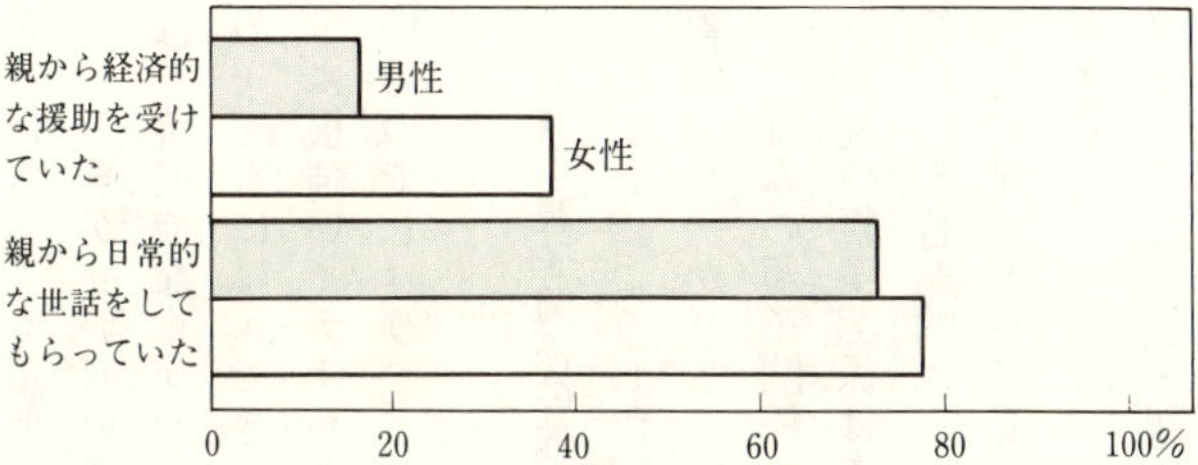

図46　パラサイト息子・娘は親からいろいろなことをしてもらっている　（くもん子ども研究　からざレポート2000. vol. 2）

をしていたかの調査が最近行われました。それによりますと、結婚までずっと親と同居していたのは、父親七〇二名中の四〇・六%、母親七一八名中三九・一%です。そして親とずっと同居していた期間中、彼らは食事・洗濯など日常的な世話から経済的な援助にいたるまで、かなりの高率で受けています（図46）。

このデータは結婚前までの期間についてのものですから、学卒後就職して給料を得た後も、親と別居はおろか経済的にも依然として親から分離していない寄生のほどがわかります。これは、同じ工業国でもかなり特殊な状況です。たとえばアメリカでは、子どもは大学に入学すれば、その大学がたとえ親の家から通学できる地域内にあっても、親の家から出て寮かアパートで暮らし、親から自立した生活をするのが通例です。日本では家から通学できることをよしとし、それを基準に大学を選ぶことさえあるほど、親と子との結合関係がよしとされ、親子が分離することには消極的です。離家することは、親にとっても子どもにとっても重要でありそうすべきだとの規範が、日本ではきわめて希薄です。

子どもがせいぜい二人になり、親は子どもを長く手元において保護・援助することがそれほど負担でなくなったことも一因でしょう。また「つくった」子どもへの強い思い入れ、その子どもには「できるだけのことをしてやりたい」親、そうするのが親の愛情と考える、日本に根強いイデオロギーが、親にも子どもにもこうした寄生をよしと許容することになっているのでしょう。

家族―親子関係の進化――社会と個人にとっての最適性を求めて

しかし、こうした超長期にわたる親との結合が、日本の青年の精神的自立を妨げ、他国の青年がしっかりしているのに比して幼くみられていることは疑いないことです。その点からも、日本の親子関係の見直しが必要ではないでしょうか。

人間の親子関係は未熟無能で派生するヒトの生物として必要、それゆえにどの時代、どの社会にも普遍的にみられるものがあります。幼少期の養育がそれです。しかし、同時に、社会的状況によって変化するものがあり、変化することによって状況の特徴に巧みに適応してきました。それは、人間の親子であり家族ならではのことです。それゆえ、人類は古今東西さまざまな家族・親子関係のかたちを現出してきました。変化した社会にとっても、社会のメンバーである親、子どもにとっても、有効・最適なあり方が模索され多様なかたちを創出してきたのです。人類の高い知能がそれを可能にしてきました。今、社会変動に最適な親子関係と家族のかたちを編み出すことができるか、パラサイト現象をどう超えるか、これは日本人にとって大きな課題です。

母娘一卵性双生児現象——それは夫との絆の弱さ

パラサイト現象のきわみともいえる母—娘の一卵性双生児現象は、女児の価値が大きくなったことを背景にしています。さりとて、娘をもつすべての母親にみられるものではありません。一体、どのような要因がそうした関係をつくらせているのでしょうか？　感情的にも行動の上でも娘と強い関係をもつ母親は、どのような特徴をもっているかが研究されています。

そこでまず浮かび上がってきたのは、夫との関係が希薄なことです。夫は仕事人間で相談相手にならない、なってくれない、一緒に行動する機会も少ない、またその気にもなれないなど、夫とのパートナーシップが弱いのです。さらに、もう一つ、一人ではものごとが決められない、なんでも誰かとしたい、一緒がいいといった自立的な行動力が乏しいことも、娘と一卵性双生児のようになる母親にみられる特徴でした。

母親自身が自立的でないことが、娘を身近に引き留め心理的経済的保護を与えて娘の自立も妨げている、そうした構図が浮かび上がってきます。パラサイト娘は息子の場合以上に、親から身辺の世話をはじめ経済的援助を手厚く受けています。親はできるだけのことをしてあげる、子どもはその安楽さに馴れて一層パラサイト化するということでしょう。その意味で、親、子双方の発達の不全につながる問題です。同時に、親子関係を重視し、夫婦間のパートナーシップを育てることが十分ではなかった日本の家族の問題性も露呈しています。子どもの誕生後、夫は仕事、妻は家庭で母・妻と、別個な役割と生活になってしまうことが、夫と妻との共通の課題と経験をなくしてしまう、それが夫よりも子どもと過度に強い絆をつくることになりやすいのです。一卵性双生児現象も、性別分業家族の破綻の一つといえるでしょう。

日本に著しい性別しつけ――男の子は大学へ、女の子は短大で

日本は先進諸国のなかでも、性によってしつけや教育に違いをつけることが今も顕著に目立つ国です。女性の高学歴化が進んだといわれますが、高等教育を四年制大学以上で考えれば、進学率は依然として男性が高く、教育水準に男女差があるのが現状です。

六カ国の親たちが子どもにどこまで教育を受けさせたいかを調査した結果（図47）は、日

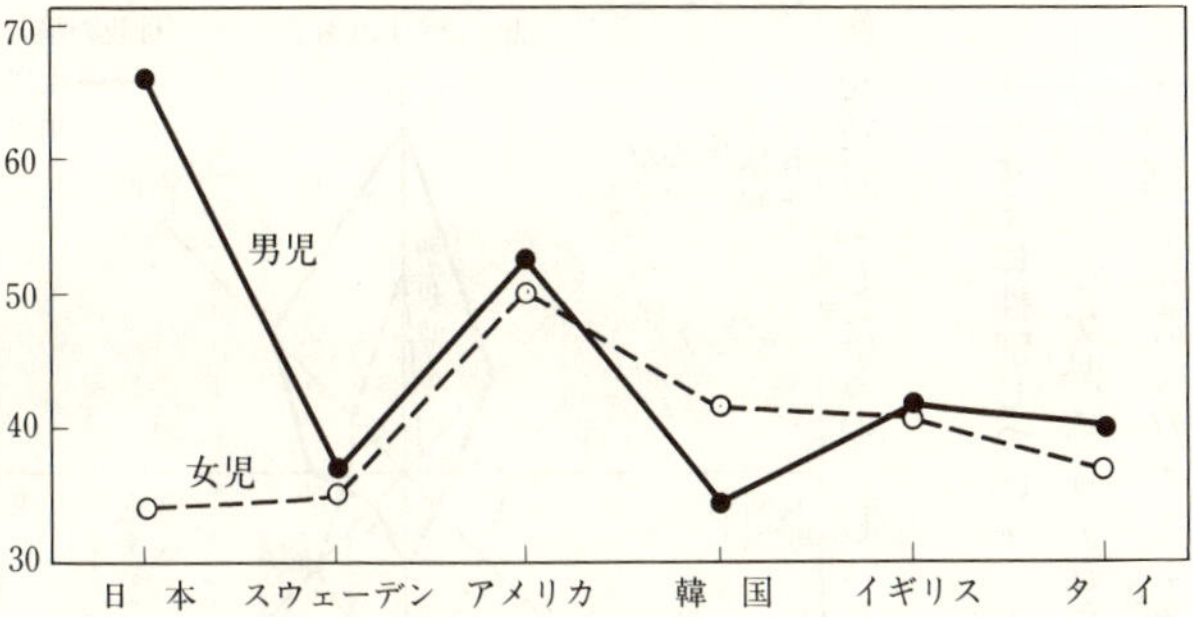

図47　子どもに大学教育を受けさせたいか（%）
男子と女子で違う日本　　（日本女子社会教育会、1995）

本の親だけが子どもの性によって違いをつけており、女児を大学までと考える比率は、すべての国のなかで日本は最低です。男の子は大学、女の子は短大でいいという、日本のおおかたの親たちの考えが、国際的にみるといかに特異なものかがわかるでしょう。

子どもの性別による親の処遇の違いは、学歴期待にとどまりません。日常のしつけのなかにさまざまなかたちでみられます。女子は、料理やお客の接待などの手伝い、丁寧な言葉遣い、身だしなみなどのしつけを幼少時から青年期にわたって受けるのが通例です。これらは、男子にはされないしつけです。この女子に対するしつけに通底しているのは、家庭役割、それにやさしさ、従順、穏和など、伝統的ジェンダー観が女性に期待する特性です。母親が子どもにどのような人になってほしいか、その期待・理想は男児と女児とでは図48のようにずれています。

女の子は、思いやりがあって素直であるのが何より、

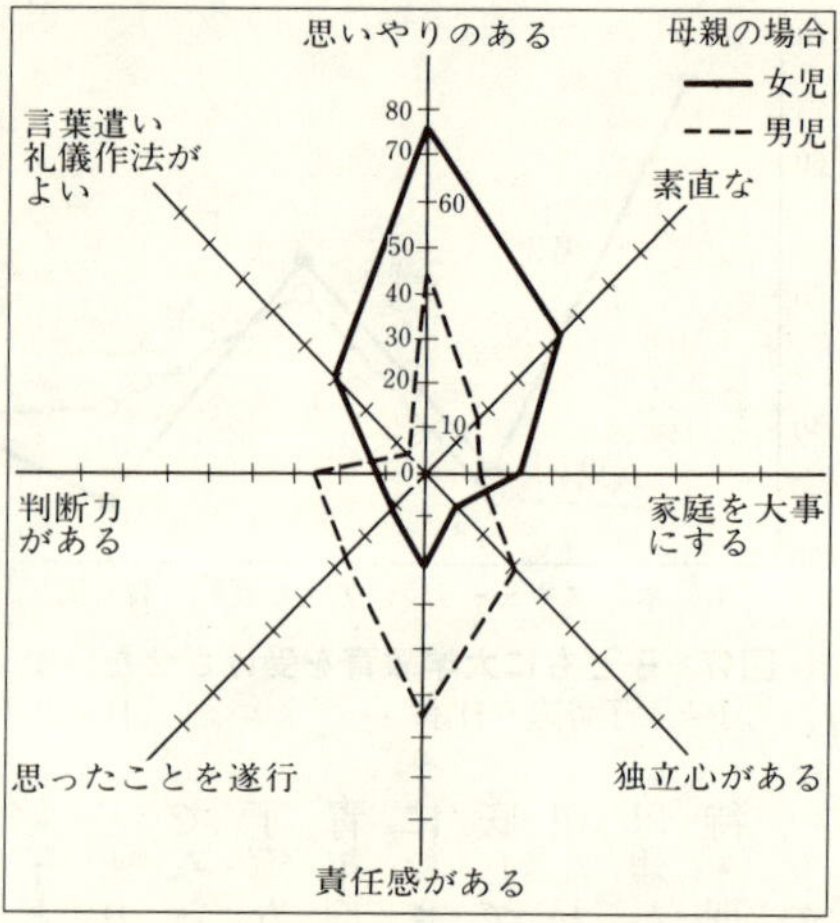

図48　どのような人になってほしいか？
女の子と男の子とではこんなに違う
（東京都生活文化局、1993より作図）

独立心や責任感や判断力はほどほどでい い、と母親たちは考えています。これが、日常の家族役割のしつけや行儀や言葉遣いの注意となって現れます。反対に男児に対しては、家庭を大事になどは二の次、行儀や言葉遣いもそれほど重要ではない、何よりも責任感が大事と考えられ、女児のように手伝いや行儀などのしつけはしないことになっています。日本の親だけに顕著にみられた学歴期待の性別差は、こうした性によって異なる望ましい人間像を背景にしたものでしょう。

なぜ女児に性別しつけ？——娘の価値を高めるための親の戦略

このような女児に対する家族役割・世話役割のしつけは、なぜ厳しいのでしょうか？　今、女児の価値が高くなっているのは、親が老後の精神的支えを期待してのことでした。自分の老後、優しく話し相手になってくれる、なにくれとなくこまめに世話や買い物などをしてくれるなどです。そうした期待に応えてくれるのは、娘が優しく従順でこまめに家族役割・世話役割を備えていればこそ、です。しかし女児は生まれながらにそうした能力を備えているわけではありません。それはしつけや教育によって身につくものです。娘に対する（息子に対するのとは違った）教育やしつけは、そうした世話役割にふさわしい資質を養うことになります。

このような娘への世話役割期待は、精神的支え以上のもの。それは、時間と労力とを要する実用的価値にほかなりません。子どもに稼ぎや老後扶養の送金はもはや期待しない、できなくなった今、世話という新しいかたちの実用的価値が生じたといえるでしょう。それを娘に、というわけです。

もちろん、すべての親が、性別しつけを意識的計画的にしているわけではないでしょう。しかし、親の性別しつけは伝統的ジェンダー観をもっている場合に強いことは確かめられていますから、その効果を暗に見越してのことであることは十分に考えられるところです。

「今、個性は性を超える」——性別しつけは親のエゴイズム

子どもの性によって学歴もしつけも変えるのは、男と女では役割が違う、それに見合った

教育・しつけが必要と考えればのことでしょう。すでにみたように、工業化・情報化の進展した社会では、それまでの性別による分業がうまく機能しなくなり、男女いずれもが職業役割や社会的活動と家族役割とを共同で担う必要が生じています。またそうすることが、個人にとっても満足できる生き方となってきました。このことは、性によって教育やしつけを変えることは、もはや適切ではなくなってきたことを意味します。性よりもひとりひとりの特性に応じた教育を受け生き方を選択することが、社会にとっても効果的であり、個人にとっても満足できるものとなってきています。

今から一〇年ほど前でしょうか、婦人週間にあたって「今、個性は性を超える」という標語を総理府が掲げたことがありました。「今」とはいうものの、それは現実がそうだというのではなく、これからの社会の目標としての言葉でしたが、その含意は、前述のような性による分業やしつけが最適性を喪失し、ひとりひとりの個性が活かされることが求められる社会を想定しての、大変ヒットな標語だと思いました。

他国では性による学歴期待やしつけの違いがほとんどないのは、そうした社会の必然を認識してのことでしょう。ところが、日本だけは依然として性別しつけが厳しい、これは、どう考えたらよいでしょうか？　うがってみれば、親が長命になった自分の老後の安心を娘に求める、(そこで)娘がその期待に応えて精神的支えのみならず、実用的な手助けにもなるようにと、娘をしつけ訓練している、とみなすことができるのではないでしょうか？　性別しつけは、娘の価値を高め、より確かなものとする、そうすることで長期的リターンを期待する親の戦略、子どもへのエゴイスティックな戦略といえるのではないでしょうか？

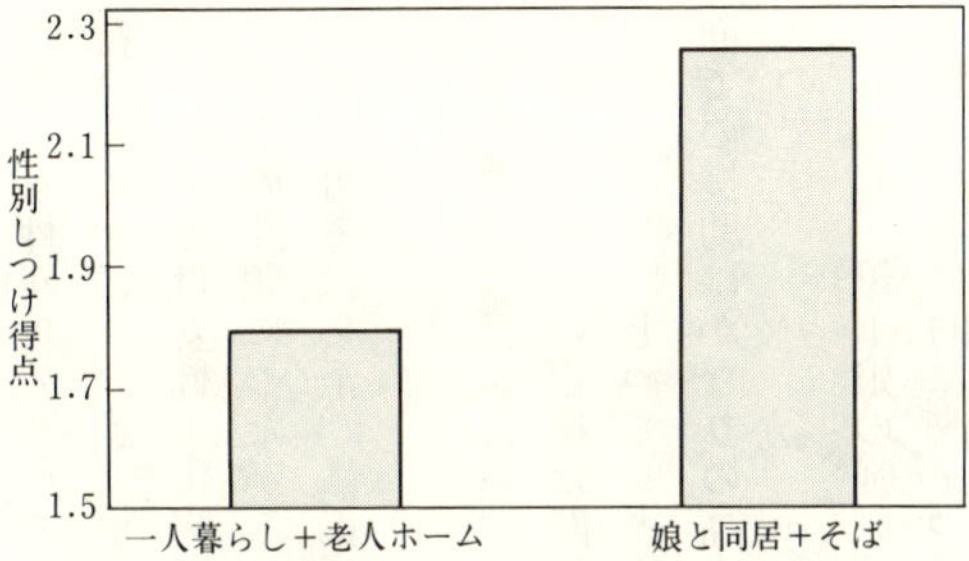

図49　夫に先立たれた時の居住希望と性別しつけ
「娘と同居・そばに」。母親は娘に性別しつけをしている
（高木、1999）

実際、娘に性別しつけをしている親ほど、娘に将来の支えを期待しているというデータがあります。老後どう暮らす予定かを尋ね、娘と同居か近くに暮らして世話を期待している母親と、老後は一人暮らしか老人ホームと考えている母親とについて、性別しつけの実態を比べてみます。すると、将来の支えを娘に期待している母親の方が、娘への性別しつけを強くしていることがわかりました（図49）。このことは、娘への性別しつけによって家事や世話をこまやかにするように育て、自分の老後、精神的支えにとどまらず、家事や世話という時間も労力も要する実用的価値を期待できるとしている、とうかがってみることができるのではないでしょうか。

現在、子どもの養育も家事も、職業の有無にかかわらず母親・女性が担っています。母親が娘に対して自分の老後の精神的および実用的な価値を期待することは、介護というもっとも重い世話役割が女性の肩にかかることを一層助長します。すでに介護は女性――妻・嫁・娘に期待され実際そうなっている、福祉の女性化というジェンダーの問題につながることになるでしょう。この点からも、性別しつけは高齢化の進むなかで、再考は必至、修正が迫られています。

選択縁〝女縁〟の一つとしての母―娘の連帯も

娘と母親との密接な関係は娘の結婚後も続き、実の親から何らかの援助を受けている娘は四九・六%に上っています。そのうち、生活費や子どもの教育、レジャーの費用など経済的面での援助はかなりの高率です。結婚前のパラサイト状況は、結婚後もこのように続いているのです。

しかし、母―娘の強い絆は、すべてパラサイト現象でしょうか?

最近、運命的に決まってしまう地縁・血縁に代わって、個人の意志や活動にもとづいてつくられる選択縁の重要性が指摘されています。家族の縮小から個人化、また定住性の低下などは、かつて強力な絆であり同時に圧力でもあった血縁・地縁の役割を、否応なく後退させました。それに代わって、個人の活動や意志、好みなどにもとづいて選択的に絆をつくる必要と必然性とが生じました。

母と娘との絆も血縁ではありながら、母、娘双方の利益と愛情にもとづいて意図的選択的に協力し支えあう機能を果たしている場合が少なくありません。先に、若い世代で子どもを産む意志決定要因として、子育て支援として親が想定されていることをみました。また有職の女性では、実母の強力な支援があることが、望む数の子どもを産むことを可能にしている事情があります。フルタイム継続就業の女性が結婚し出産した場合、妻の母親が家事・育児を実質的に受け持っているケースは少なからず見聞します。娘の職業継続と達成とが、母親からの精神的実際的支援によって可能となる、いわば二人三脚といえるでしょう。娘と母親双方にこの連帯が益するところある場合に、この絆は強くまた実をあげるでしょう。

親世代との同居は、かつては夫の親とが通例でした。それは戦後、急速に減少していますが、妻の親との同居は少しずつ増えてきています（図50）。これも、親にとって娘の価値が大きくなったことと、娘にとっても実の親からの支援が重要・有用だとの、双方の利益を背景にした選択でしょう。

両親共働きが主流の中国では、子どもを学齢前までその親たち（つまり子の祖父母）に預けて養育を任せる「寄養」という制度があるそうです。子育てを親だけでなく上の世代も含めて行うこの方式は、同居ではありませんし血縁ですが、若い世代の職業と家庭を支援する世代を超えた連帯という点で、日本での親との同居に通じるものがあるようにも思います。

母—娘のような血縁によらず、女性同士が志を共有し力と知恵を結集して一人ではできない活動を展開し成果を上げている動きが最近注目されます。従来の職業には欠けていた「す

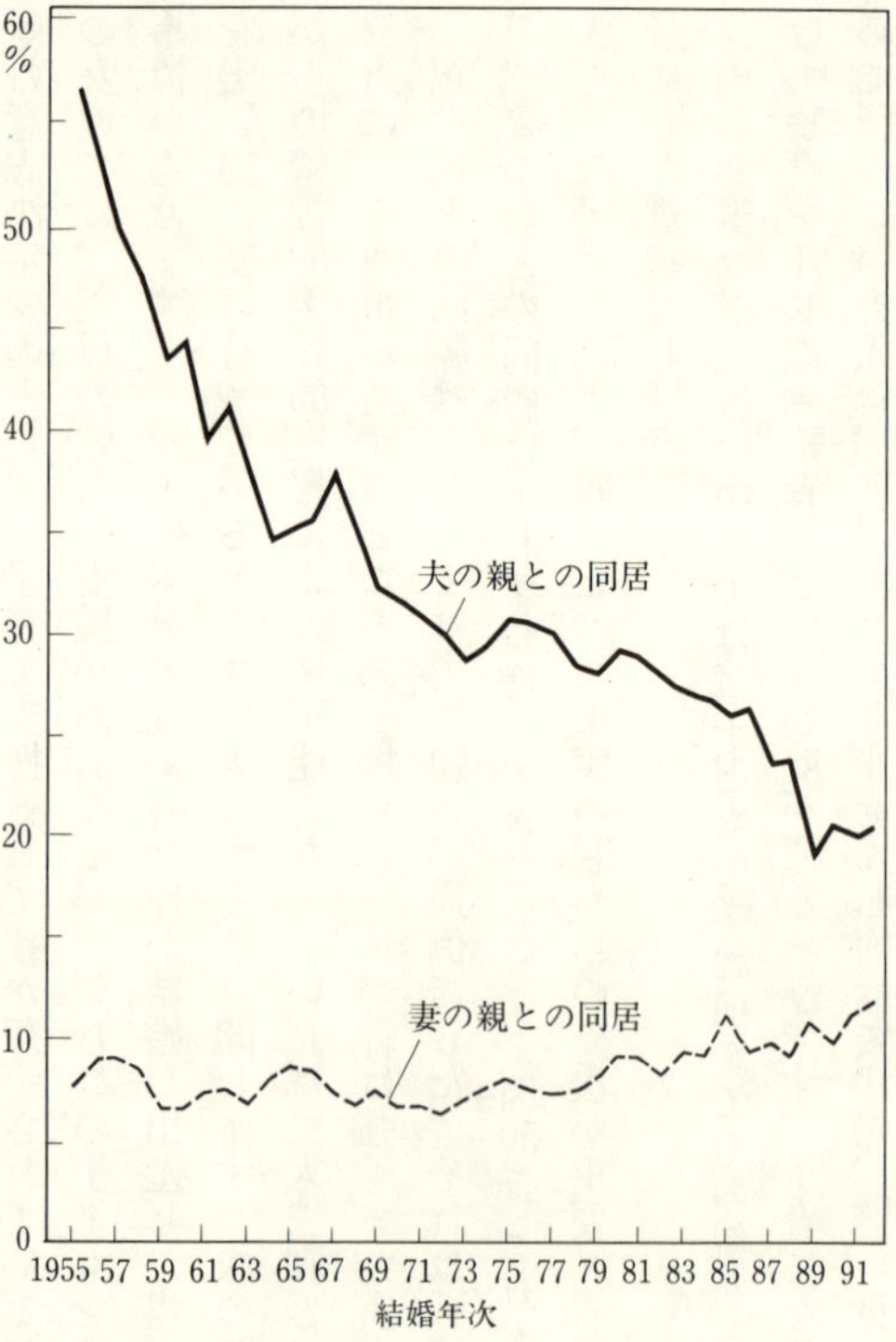

図50　親との同居率の推移
（「全国家族計画世論調査」の各回の調査より算出）

きま」の仕事や柔軟な働き方、さらに各種の市民運動などです。これらの活動の主流は女性――育児が一段落した母親で、選択縁としての〝女縁〟です。

選択縁、女縁の意味は十分認めつつも、こうした連帯や活動がなぜ女性中心になってしまうのでしょうか？　男性は職業上の人間関係中心で、そこでのつきあいや義理に拘束されていて、選択縁を築く余裕をもつにはいたっていないからでしょうか？　家庭でも、夫と妻が別世界に生きていてコミュニケーションも乏しく、夫婦の心理にずれがある上、社会生活でも男性と女性とが断絶した世界に生き別個な活動をしている、この状況は男女共同参画社会といわれる今、異様なこと、残念なことではないでしょうか？　このように社会でも家庭でも男性と女性が分離していることとは無関係ではありません。その根は同じ――性別分業の結果であり、それが破綻しているにもかかわらず、なお残存している姿とみることができます。

3　結婚―性―生殖の分離がもたらした新しい欲望と課題

医学の進歩と受胎調節技術の開発・普及が、〈結婚―性―生殖〉の連鎖を断ち切り、結婚、性、生殖それぞれに従来とは異なった意味を与えました。その一つが子どもの命の意味と子どもの価値の決定的な変化でしたが、それは同時に、新しい欲望を生むことにもなりました。

体験としての妊娠・出産への欲求――女性の性へのまなざしの変化

その一つが、「妊娠・出産を経験したい」との若い世代に顕著な子どもを産む理由です。出産が産婦の命を奪う危険をはらんでいた時代、女性たちは妊娠をひそかに怖れ逃れたいと切実に願っていた、それとは正反対の心理――妊娠・出産したいという欲求が生じたのです。女性ならではの体験へのなみなみならぬ関心と欲求が、そこから汲み取れます。

女性の性は長らく不浄なものとされ、お産には男性は立ち入り禁止、またごく親しい女性同士の間でさえも性に関わることを話題にすることはありませんでした。筆者の学生時代はそうでした。それが昨今は、学生が教師に生理を理由に遅刻や欠席の説明をするほど、あっけらかんとしたものとなりました。女性に生理は当然、なのにそれを忌み隠していたのは、今にして思えばおかしなことですが――。

そうした性への禁忌が解けたのには、さまざまな背景がありましょう。そのなかでも、一九六〇年代、アンネ（ナプキン）やパンティストッキングが開発され、それらが女性性や女性美を示すものといわんばかりに美しい装飾的な宣伝が大々的にされたことは、画期的な影響をもたらしました。それまで隠すべきものであったものが陽の目をみ、苦痛や汚れが軽減されることになりました。これは、自分の性についての女性の意識・心理上の大きな変革でした。

そもそも道具の開発・使用は、単なる生活の便宜以上に使用するものの心や行動を変えるものです。〃濡れてもサラサラ〃の紙おむつの開発・普及が、育児を便利にしただけでなく、母親の育児行動やしつけなど子どもへの心理も変えつつある、さらには子どもの発達も変化させるのと同様です。道具が心を変える、これは人間の発達ならではの特徴です。

女性の性を隠さずあたりまえのこととし、より快適にするという意識は、さらに女性だけがもつ性の機能を発揮したい、体験したいという願望につながってゆきました。妊娠や出産で命を落とす危険がなくなった今、「妊娠・出産を経験したい」と素直に思えるようなったのは、自然のなりゆきでしょう。既婚女性のみならず未婚の女性さえもが「妊娠・出産に関心がある、絶対してみたい」といい、さらに「夫はいらないが子どもを産んでみたい」などという声は、こうした女性の身体、性への心理の変化を示しています。

〃体験欲〃のあとの子どもは？

しかし、こうして子どもを産むことが、女性自身の〃体験欲〃の満足で終わるものではないところに、問題があります。そのようにして産んだ、その結果、生まれてくる子どもはどうなってゆくのでしょうか？　若い世代では、子どもや育児が自分の生活とどう折り合いをつけられるかを、あらかじめ検討した上で子どもを産むことを決める、「条件依存」傾向が強まっていることを先にみました。そのように、子どもを産むことが選択となり事前の検討が可能となり必要となった今日、体験欲だけではなく産んだあとの育てることへの覚悟、責任自覚が伴わなければ、誕生してくる子どもの健やかな発達は保障されないでしょう。

「子どもを産みたかったというだけが動機で産んだ」という内田春菊は、「その子どもを喜んで育てる夫とその親兄弟――」と記し、子どもが周囲の人々のなかでつつがなく育っていることを述べ、「子どもを産み育てるのは大変面白い――」とも記しています。産んだもの＝母親だけでなく、まわりがよってたかって子どもを育てそれを楽しんでいるらしいその風景は、これからの子育てに望まれる一つのかたちのように思います。しかし、体験欲で生まれてきた子どもの場合、すべてがこううまくゆくとは限りません。産む側の体験や心理に焦点が集まることで、生まれてくるものの育ちや心がなおざりになるとすれば、由々しいことです。赤ちゃんを抱いたこともない、ましておむつを替えたこともない最近の若い世代は、子どもを育てることがどんなに大変かを知らずに親になるのが、現実です。育てる準備性はない、他方、妊娠・出産することへの関心が集まる、このアンバランスは気になるところです。

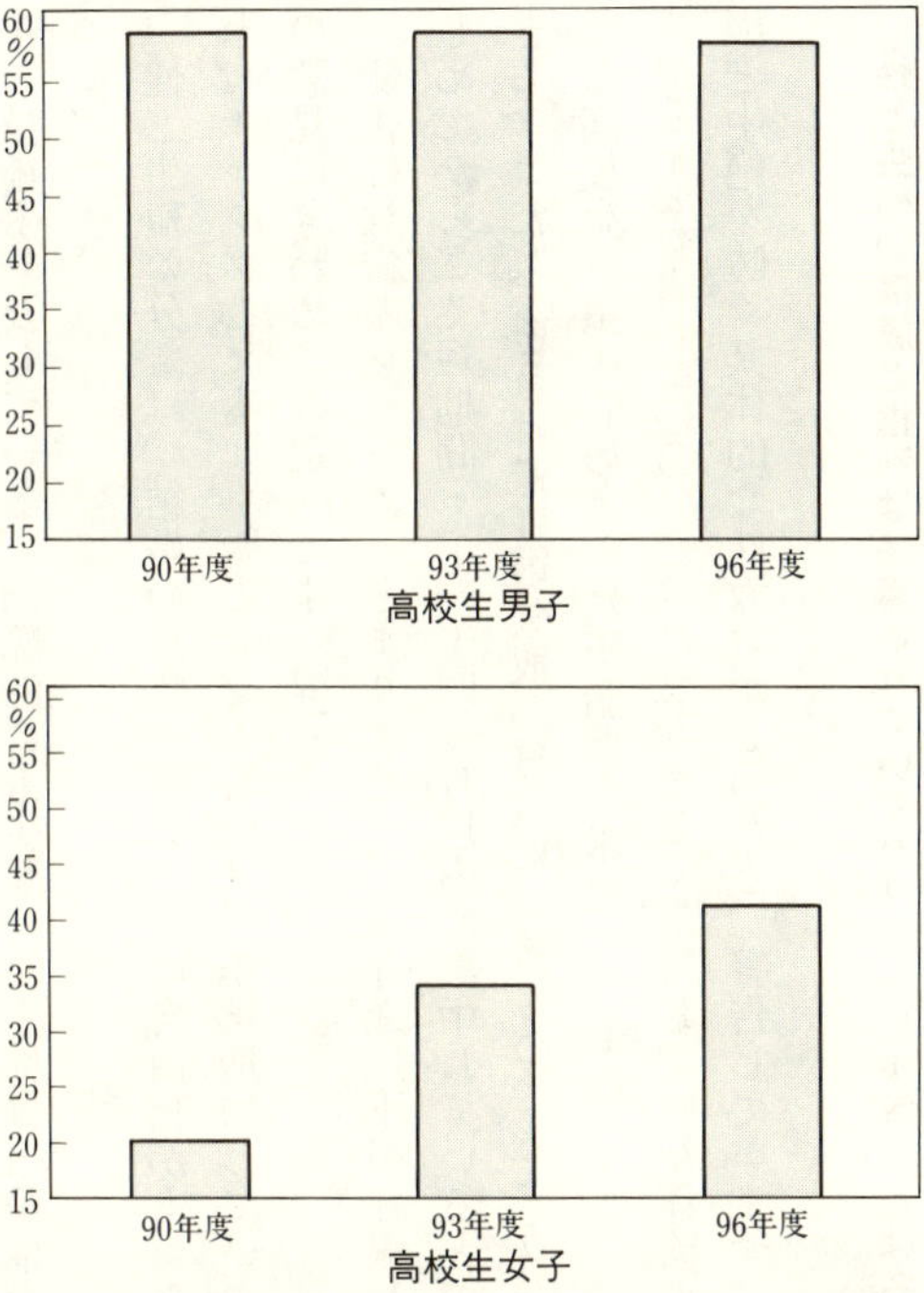

図51　「愛があればセックスしてもよい」に賛成
（%）
（東京都幼・小・中・高性教育研究会、1996年調査結果）

"できちゃった"——今も避妊無知と失敗

もう一つの問題は、性と生殖の分離が可能となった今もそれに失敗するケースが少なくないこと、とりわけ一〇代のシングルマザーが急増している事実です。避妊は当然となった、その技術も普及している、国際的にも生殖の決定権は市民権を得た、こうした状況になったのに、です。

性と生殖の分離は、結婚の意味を変え、性の自由化がもたらされました。そして「愛があればセックスしてもよい」と考えるものは、年々増加しています。とりわけ若年層では、この意見にきわめて肯定的です（図51）。

変化は意識のレベルにとどまりません。一九歳以下の妊娠した女性の初体験は、交際しはじめてからごく短期間――一～四ヵ月以内に集中しているとのことです。そのあげくが〝できちゃった〟。それは避妊の失敗か無策によるものでしょう。あっけらかんと中絶を受けにくる高校生、虫下しのように堕胎薬を求める一七歳などの現状を『十七歳の性』（河野美香、講談社＋α新書、二〇〇〇）はなまなましく報告し、性初体験の低年齢化、増える一〇代の妊娠と中絶を防ぐ具体的な性教育が必須だと、警告しています。

性と生殖の健康と権利は保障されているか？――ピル解禁とは名ばかり

避妊、計画出産が広く普及してはいるものの、その方法は日本では男性主導のコンドームが主流、八〇％を占めます。ピルはごくわずかで、これは他国との大きな違いです（図52）。一〇代の性行動では、避妊は六一％、これは先進諸国では九〇％近いのと比べて低い上、

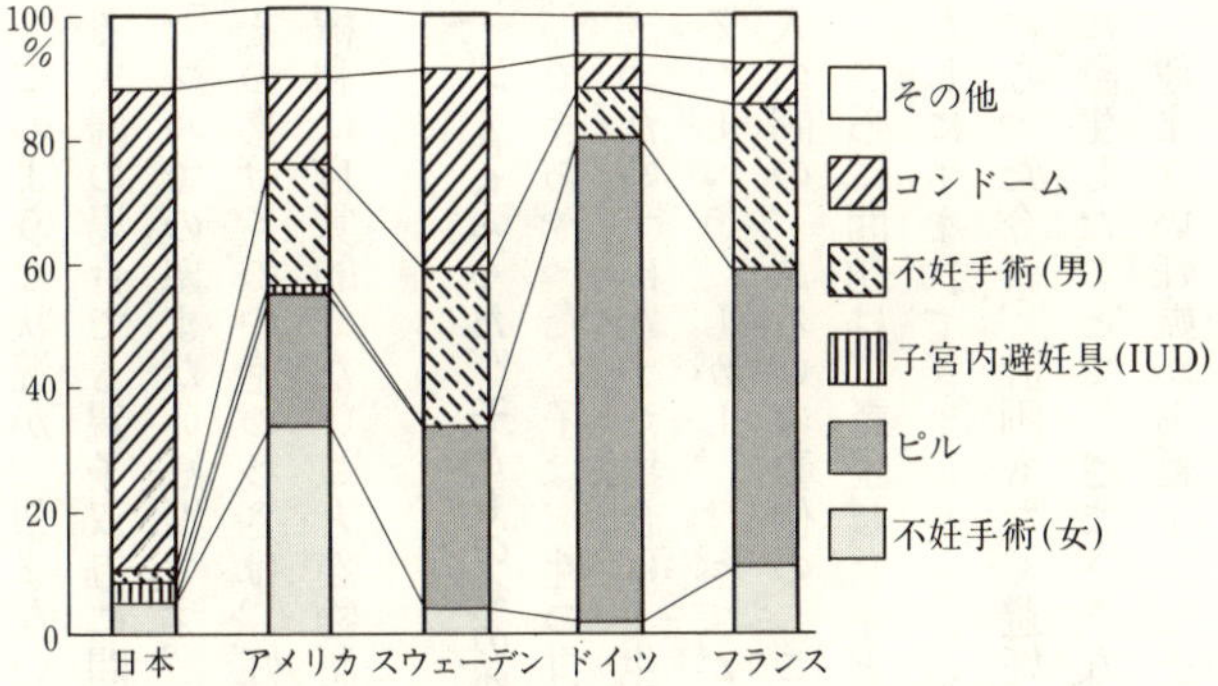

図52　主要国における避妊方法
ピルかコンドームか　（国際連合、1999年）

ここでもほとんどがコンドームです。この方法は、男性と女性とが対等な関係のとき、初めて有効で、多くは男性主導——男性の意志任せになるのが常です。低い避妊率といい男性主導の方法といい、少なくとも女性の性と生殖の保障は未だしといえるでしょう。

女性の服用で効果のある経口避妊薬ピルは、女性の生殖の自己決定のための権利として早くから認可が求められてきました。しかし「女の性道徳の乱れになる」「エイズ拡大のおそれ」といった理由で、認可はずっと延期されていました。最初の申請から何と三八年後、アメリカで承認されてから、実に四〇年もの歳月が経った一九九九年六月一六日、ようやく認可されたのです。「四〇年間お待たせしました」といわんばかりに——。しかし今も、ピルの普及は遅々たるもの、解禁とはいえない状態です。そこで男性に依存する避妊法、コンドーム優勢は、依然続いているのです。

このような状況が、望まない出産を他国より多いものとしています。これは、結婚している夫婦の場合でも親子双方に問題を残すことになりやすいものですが、深刻なのは未婚のカップルでの望まない妊娠です。身近な学生の間にも時折耳にする〝できちゃった〟の困惑、そのあげくの中絶の多さは、妊娠の自己決定権が女性に保障されていない、また女性もその権利に自覚的でないことを物語るものです。

〝できちゃった〟子どもの命のゆくえ——「できちゃった婚」か中絶か

〝できちゃった〟子は、性の自由化の負の落とし子の一つではないでしょうか？　「できちゃった婚」になった場合は、生まれた子どもが二人の絆となって幸福な家族となる場合もあるでしょう。しかし、すべてがそううまくゆくとは限りません。望まぬ妊娠は、後々まで二人の間の、あるいは妻側のしこりとして残る場合が少なくありません。

さらに問題は、誕生した子どもの側にあります。かつては、どの子どもも親の意志や選択なしに生まれてきました。しかし、今は違います。親の意志・決断で産む、「つくる」ことになった今日、計画もなく避妊もせずの性行動の末に〝できちゃった〟子どもは、望まれずに誕生したことで、さまざまな不幸を招来することにもなりかねないでしょう。

望まない妊娠から誕生した子どもたちが、その後どのように発達していったかを追跡した研究があります。その子どもたちは、そうでない子どもたちに比べて病気や入院回数も多く、学業成績もかんばしくない、家庭や学校での適応も悪いなど、心身の発達にさまざまな問題が生じやすいことが明らかにされています。親の期待や計画なしに生まれてきた子どもには、健やかな発達に不可欠な養育が十分に与えられなかったことを示唆する結果です。十分な養育どころか、望まぬ子どもの存在そのものをうとましく思い、養育拒否・放棄になる危険性さえあることも、この報告は示唆しています。

「こんなに大変だとは思わなかった」「子どもはかわいいけど、子育てはいや」といった声は、昨今稀ではありません。身近に赤ちゃんが育つのをみたことも、まして子守りなどしたこともない今の若い世代には、これは無理からぬ正直な感想でしょう。子どもと自分の生活について検討もせず計画なしに〝できちゃった〟場合は、なおさらでしょう。

育児への心の準備なしに、子どもの責任を一人で負わねばならない孤独な状況が母親を追い詰め、育児放棄、さらには虐待などにつながらないとはいえないでしょう。虐待のハイリスク要因の一つは、望まない妊娠にあることも指摘されています。

望まない妊娠は、中絶手術によって子どもの命が葬られることも少なくありません。とりわけ若年層の人工妊娠中絶率は、他の年齢層が低下方向にあるのと反対に、増加の方向にあります。先にみた性体験の若年化、フリーセックスの蔓延が、〝できちゃった〟の増加をもたらし、それがこの中絶の増加をもたらしているのでしょう。

「出産　あなたの意思ですか⁉」——新聞の女性たちへの問いかけ

これは、未婚の若年層に限りません。「本当は、いま産むはずではなかったのに——。できちゃった出産——予定外の結婚をしたり、仕事を辞めたり、ライフプランがくずれて悔いが残ることもある——」などのケースを紹介し、「出産　あなたの意思ですか」と大見出しで問いかけた記事が、二〇〇〇年八月一一日の『朝日新聞』に掲載されました。

「『次は女の子かもしれないなあ——』今年六月、三人目の妊娠に浮かれる夫を見て横浜市の主婦(29)は『冗談じゃない』と思った。避妊は、いつも夫のコンドーム。が、『その日はたまたま』避妊してくれず、妊娠した。次男が幼稚園に入ったら、仕事をしたい、保育士の資格もとろうと、受験勉強も始めたばかりだったのに——。(中略)そうしているうちに、不正出血があった。『このまま流産してくれれば』。

産婦人科に行くのを先延ばしししていたところ、『期待どおり』流産した。今も、夫への不信感が残る。『また避妊してくれないかも、と思うと、セックスもいやになる』」

同様の二、三のケースを引用した上で、女性が妊娠や出産という自分の身体や人生にとって重要な出来事を、自分の意志で決定することの大切さを記者は訴えています。

この記事は、子どもの価値を自分の人生に結びつけて問うことは決して非常識でも不敬なことでもない、女性がどう生きるか、人生そのものへの問いなのだ、との現状認識に立っての記事です。そして紹介されたケースは、リプロダクティヴ・ヘルス&ライツが、人口爆発や女性性器切除など発展途上国の問題ではなく、先進国である日本でも依然として確立されていないことを示しています。

女性（の性）に対する暴力——女性差別の隠れたカリキュラム

夫からの性の強要や身体的精神的暴力が、ようやくドメスティック・バイオレンスとして公認（!?）されるようになりました。職場、学校などでセクシュアルハラスメント防止の手引きが作られることも一般化しました。「痴漢は犯罪です」とのポスターが、駅に掲げられてもいます。

このことは、これまで女性たちがいかに性の暴力や差別にさらされてきたかを如実に示すものです。もはや公然とした差別や暴力はできないでしょう。しかし、当人も自覚しないところで、異性を差別的に処遇しそれが暴力として作用している場合は少なくありません。女子学生への男性教員の言動、企業における女性社員の処遇などに、隠れたカリキュラムは今なお健在です。

男性と女性間のコミュニケーション――対等に共感しあう関係は？

性は最高の親密なコミュニケーションといわれます。そして、だから、愛情があればセックスしてもよい、との論理にもなったりしています。最高の親密さは相互的でなければありえず、それには男性と女性との対等な関係が必須です。ところが、これが実際にそうなってはいないことは、すでに夫と妻との間の会話でみたところです。夫婦に限らず男性と女性間の会話は、男性主導、女性追従といった対等性を欠いた特徴を帯びやすいものです。『男がことばを支配する』とのタイトルの社会言語学の本もあるほどです。

カップルの性の関係も、こうした日常の対等・相称的・相互共感性を欠いたコミュニケーションの延長線上にあることは容易に想像できます。性が最高の親密なコミュニケーションたる前提は、男性と女性の間に十分に育っていないといえるでしょう。

性と生殖の健康と権利の教育

以上のような状況をみると、性と生殖の健康と権利を保障する教育が必要なことは明らかでしょう。それは、性や生殖についての生物学的な知識ではありません。子どもをもつことの意味を自分の人生の問題として考えること、避妊は健康と権利の問題であること、男性・

女性それぞれが主体的に選択しうる避妊の手段を提供すること、などの課題です。さらに男性と女性との人間関係に潜んでいる非相称的な関係を意識化し、相互共感的なコミュニケーションをとれるよう、人間関係やコミュニケーションについての教育も含まれなければ無効です。フリーセックスが年々、低年齢化している今、それは幼少期から公教育のなかでされる必要があるでしょう。そうした教育も、リプロダクティヴ・ヘルス&ライツの保障の一環であることが、人口会議の記録には明文化されています。

4　子どもが欲しい、しかし、不妊のケースの選択

今も強い「子どもを産むのがあたりまえ」「子どもをもって一人前」意識

子どもを欲しいと願いながら妊娠せず子どもを産めない女性は、かつては「石女《うまずめ》」と烙印を押され、また「子なきは去る」の時代がありました。今日では、不妊の原因は男性側にもあることがわかってきており、女性だけのせいとすることはできなくなりました。若い世代の人は、「石女」という言葉も知らないのではないでしょうか？

すでにみたように、今や子どもは選択の対象となり、女性は自分の人生にとって子どもがもたらすプラス・マイナスの価値を事前に考慮して、「つくる」ものとなりました。そして、

子どもをもつか否か、いつか、何人かといったことは、政策の対象ではなく、個人の選択、権利として公認されることになりました。

けれども、子どもがいないカップルに向かって、「子どもはまだ?」「いつ?」といったことはよくいわれ、子どもをもつことへの世間のプレッシャーは小さくありません。「子どもを産んで女は一人前」は、決して死語ではないようです。戦前の「産めよ殖やせよ」の類のあからさまな出産促進の人口政策はありませんが、少子化対策は女性がもっと子どもを産むようにと子ども増を暗黙の目的としています。「少子化といわれる度に肩身が狭くなる」「なんともいえない劣等感にかられる」などの不妊の女性の声（『朝日新聞』二〇〇〇年一〇月二〇日）は、「女性は子どもを産むのがあたりまえ」との政府や世間のプレッシャーがいまだにいかに強いかを物語っています。

〈子どもをもつ〉をめぐる選択と困難

子どもが生まれない、不妊であることがわかったとき、およそ次のような選択があるでしょう。＊生まれないことを受容し子どものいない人生を選択する、＊何としても子どもが欲しい、そのために不妊治療、生殖技術を受ける、＊養子を迎える、です。いずれの場合にも、自分にとっての子どもの価値と自分の生き方、自分が何に価値をおくかについて、深刻な検討を迫られます。いずれの選択をするにせよそれにいたる過程で、子どもを産むのが当然、産めない女性を認めない社会からの圧力を強く受け、それは不妊そのもの以上に大きな心理的苦痛でしょう。加えて、血縁重視の伝統が大きな障壁となることも想像に難くありません。

子どものいない人生の選択——子どもの価値をどう評価するか

現在子どものいない人には、最初から子どもをもたない人生をと決めた childless by choice の人々と、不妊を知った女性や夫婦が子どもが恵まれないことを受容し子どもではない生きる目的や意味を積極的主体的に見いだしている人々が含まれます。

前者は「子どもよりもほかのこと——自分が価値をおくことの達成に自分の心身の全エネルギーを投入したい、それに人生を賭けることにしたのだ」と語るケースが、その典型です。子どもの価値が相対化され、子どもが選択の対象となった今日ならではの生き方といえるでしょう。by choice だなどという気はなかったけれども「『お子さんは?』『まだ?』『いつ?』といった不愉快な質問を封じるには、そう表明せざるを得なかった、自分がどう生きるか、自分の問題だのに余計なお世話!!——」とある女性は述べています。「産むのがあたりまえ、それで一人前」とする日本社会ならではの、あえての表明でしょう。

後者のなかには、不妊に直面した後、子どもが自分たちには恵まれないことをそのまま受容したケースもあれば、不妊治療を試みた上で子どもをもたないことを最終的に決めたケースも含まれます。治療もどの程度受けたかについてもさまざまでしょう。いずれの場合にせよ、子どもをつくると決めてそれができた普通の夫婦以上に、自分の人生と子どもの価値との検討に真剣に向き合い、望んできた子どもをもてないことについての嘆き苦しみ、加えて「子どもをもつのはあたりまえ」の社会風土の圧力を克服しなければならない重い経験をしたにちがいありません。不妊の女性たちの記録には、当の女性とその配偶者が直面した重い課題にどう向き合い、それぞれの答えを見いだしていくかのプロセスが率直に語られています。

先端生殖医療による生命の誕生——子どもをもつ新たな選択肢

近年のバイオテクノロジーの進歩は、不妊治療を含む生殖医療を急速に発展させました。その結果、これまで不可分であった生殖と性行為とが分離され、生殖行為そのものを人工的に可能とし、人類の生殖にまったく新しい過程を生じさせました。

今日、子どもは性行為の自然・当然の結果ではなくなり、女性や夫婦の意志と選択の結果「つくる」ものとなりました。「つくる」と決めたのに不妊だということがわかったとき、かつては諦めるほかありませんでした。それが今や、先端生殖技術は子どもをもつことをかな

表7　子どもをもつか否かを決めるまでには沢山の選択肢がある

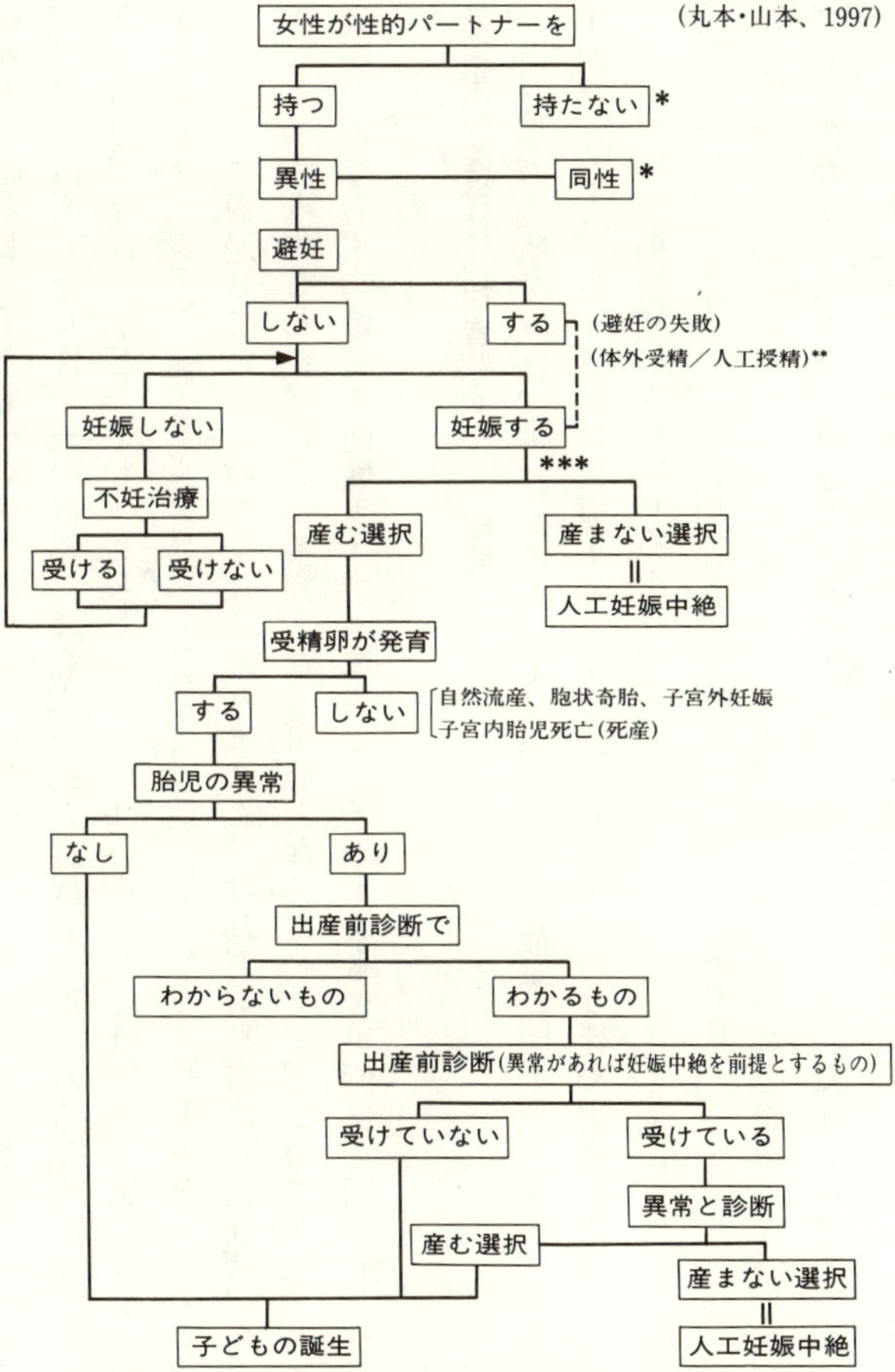

＊　精子提供者からの人工授精(AID)で、妊娠する可能性もある
＊＊　受精卵診断を目的とした体外受精や選別された精子による人工授精
この場合、自然妊娠を避けなければならない
＊＊＊母体保護法は、女性が産む産まないの選択をすることを認めていない

りの程度可能とし、子どもをもつことに新しい選択肢がいくつも追加されたのです。その結果、不妊に直面した女性や夫婦は新たな意志決定と選択とを迫られることになりました。

ところで、今日、子どもをもつことをめぐってはいろいろな段階で、実に多種多様な選択肢があります（表7）。通常の場合は、これら全部をいちいち意識的にはしておらず、あたりまえとして通過しているものが少なくありません。けれども厳密に考えれば、先端医療の進歩によって今やこれだけ選択が多様となり可能となったのです。このことは、不妊の女性や夫婦のみならず未婚者や同性カップルにまで、子どもをもつ可能性を開きました。

先端生殖医療は〝福音〟か？〝朗報〟か？

日進月歩の生殖医療は、不妊へのホルモン療法から配偶者間の人工授精（体外受精）、代理出産などなど、さまざまな治療メニューを提示して不妊の女性や夫婦に選択を求めています。一〇組に一組はいるといわれる不妊の夫婦にとって、こうした生殖医療は大きな「福音」、「朗報」といわれます。人工授精、体外受精による赤ちゃんに限っても、一九九六年時点で既に年間七五〇〇人に達しているとのことです。子どもをもつことを望みながらただただ諦めざるを得なかった不妊の女性や夫婦にとって、従来にはなかった新しい可能性が生まれたのですから確かにそうであるかもしれません。しかし、同時にこれは単純に〝福音〟とはいえない多くの問題をもたらしました。

先端生殖医療が提起する生命倫理問題

その第一は、医療技術による人工的生命の誕生をどこまで容認するか、誕生する子どもの親をどう特定するか、などに関する倫理的法的問題です。これは、人間の生命の操作、発生をどこまでよしとするか、性行為と生殖の分離がもたらした生命倫理上の最重要課題です。

さらに夫婦以外の精子、卵子さらに子宮の利用を含む生殖医療は、優生学的見地からの利用や商業主義的利用につながる可能性が大きいものです。現に先端医療の〝先進国〟であるアメリカでは、有名大学学生の精子バンクあり、さらには「金髪で目はブルー、背が高く音楽の才能のある――」といった希望・注文に見合った精子が宅急便で送られてくるシステムさえある由です。もちろん、それにはそれ相当の経費がかかります。代理出産する女性にも謝礼金が払われています。

子どもは「つくる」ものとなった、しかし、こうして任意の子どもをまさにお金で「つくる」ことが行われつつあるのです。

日本では、そこまでビジネス化や優生学的利用がなされてはいません。しかし日本でもすでに三〇年余も前から、有名大学医学部学生の精子が使われて人工授精児は誕生しています。

ごく最近、妻以外の卵子による体外受精、夫婦以外の卵子と精子による受精卵の移植も認めることが決まりました。こうした場合、精子提供者は知らされません。このことは、子どもが成長後、自分の出自を知りたいとの知る権利は保障されないことになります。

こうして生殖技術は多様な親と親子を発生させましたが、誰が親としての権利をもつか、養育責任を負うかについて明確な規定はありません。日本産科婦人科学会がガイドラインを設けていますが、これは学会内の申し合わせの域を出ず、治療の受け手となる市民のレベルでは未解決です。

生殖医療に限らず、科学技術が社会に浸透するには、それを受け止める倫理や制度の受け皿が必須です。それなしには、技術だけの暴走になりかねません。医学の進歩は、まず終末期医療をきっかけに人間の生命の尊厳とは何かを考える課題を提起し、さらに今、生殖医療の進歩は生命の始まりをめぐる新たな倫理の問題を提起しています。倫理の問題にとどまらず、倫理に見合った制度や法律が整備されることが必要です。それには十分な考察、検討が必要なことはいうまでもありません。けれども、それに時間をとればとるほど、医療現場、利用者である市民サイド双方に混乱や問題が生じることになりかねないでしょう。国民的な論議が活発に行われ、倫理的法的制度上の対応が早急になされることが必要なときに来ています。

子どもへのこだわりと生殖医療

ところで、生殖技術の進歩が「福音」だといわれるとき、一体、誰にとっての福音、朗報なのでしょうか？

不妊に直面したとき、生殖医療技術に頼るか否かは、カップルにとって大きな岐路でしょう。子どもを得るためにあらゆる医療的な試みをしつくす、それは一つの選択です。子どもが選択の対象となった今日、その究極の選択ともいえるでしょう。しかし当事者の選択以前に、社会の「産むのがあたりまえ」の圧力に不妊の女性が苦しみ孤立感を抱くことはしばしばです。「『子どもはまだ？』と聞かれるたびに、『しばらく欲しくないの』と笑ってごまかすが、後で一人で泣く」「少子化といわれるたびに肩身の狭い思いがする」といった体験記は、切実な苦悩がいかばかりかを伝えています。

そうした社会のなかでは、生殖医療が当の女性やカップルの意志によって選択されているとは限らないことも少なからずあるようです。不妊治療は、心身に多大の負担と苦痛を伴います。加えて経費も莫大なものです。心身の苦痛は代わってやれない、しかし経費は何とでもするからと親たちが申し出るケースもある由です。できる時代なのだからやるだけやったら、それには経費は惜しまない、孫が欲しい、そうした周囲からの圧力が、当事者の意志が固まらないまま不妊治療に向かわせることになりかねないでしょう。

文化としての生殖技術

こうした勧めや申し出は、もちろん、悪気からではないでしょう。しかしそこには「子どもをもつのが普通」「子どもがいるのがあたりまえ」との意識があることは確かでしょう。生殖医療が「子どもをもつのが普通」との考え、しかも当事者ならぬものの価値観を強化することになりかねません。生殖医療に携わっている医師とインタビューした柘植あづみは、医師の生殖医療についての考え方と子ども観とが、生殖治療を「福音」と容認し勧める方向に流れる危険性を指摘しています。不妊に悩み治療を受けようとする女性やカップルへの周囲の勧めという圧力も、子どもをもつのは普通、ぜひ子どもを、との価値観を背景に、生殖医療がなしくずしに推進されるおそれは否定できません。

しかし、これは生殖医療に直接関係する当事者――医師、受けようとする女性、カップル、その親族だけの問題にとどまりません。誕生した子どもや親が、社会でどのように認知され処遇されるかにもつながります。血縁重視の日本で、偏見や不当な興味の対象ともなりかねません。新しい技術が人々の間によきものとして定着するには、法律や制度もですが、人の命について、子どもの価値や親であることについて、人々の間にゆるやかなしかし基本的には共通の理解が共有されていることが必須です。生殖医療は、誰にとっても無縁な他人事ではないのです。

それは単なる技術ではなく、生命や家族についての価値観を内包したもの、技術ではなく「文化」として、社会に位置づけられるべきものです。そうでなければ、生殖医療が人々の幸福に資するものとはならないでしょう。そのためには、国民的論議が必要です。

誰の権利か――産む権利か子どもの幸福か

法律にせよ社会的合意にせよ、生命の誕生に自然の過程を尊重するか、科学（生殖技術）による誕生を認めるかが、第一の論点でしょう。その上で次に、誰の立場にたって考えるか、誰の権利として認めるかが問題です。

大別すれば、成人の権利、とりわけ産む権利を重視するか、それとも生まれる人、子どもの権利、幸福や利益を優先するかに分かれます。アメリカは前者の立場をとり、しかも家族のことは私的なこととして政府が極力介入しないとの方針が、生殖医療のベンチャービジネス化を生んでいます。ドイツは後者の立場で、生殖治療は既婚の夫婦間にのみ適用することと、子どもをもちたい動機や意志、さらに養育責任を確かめる事前カウンセリングを義務づけています。子どもの健やかな成長・発達のためには安定した家族と養育が必須との認識からです。

日本はどのような立場で、どのような法や制度をつくってゆくのでしょうか？　いずれの立場をとるか、さらに日本に根強い血縁重視や「子どもがいて女性は一人前」の価値観をどう克服するか、問題は多々あります。

個人の自由な選択へ——子どもの価値を問い直す

いずれにせよ、個人の自由な選択が保障されることが最重要です。子どもは「つくる」ことになり、リプロダクティヴ・ライツが認められている今日、それは当然な権利です。しかし、不妊の場合、その保障が容易ではありません。前述の親や医師などの勧めや態度、さらに世間の口や眼は、当事者に無視できない強力な圧力となり、その自由な選択を妨げていることは前述の記事に明らかです。

不妊であること、子どもがいないことに、一体、誰がこだわるのか、誰のための子どもか、自分は子どもにどのような価値を期待しているのか、——これらは普通の人々も子どもをつくるにあたってする検討作業ですが、おそらくそれ以上に真摯に自分がどう生きるかを考えることになるでしょう。その上での当事者自身の決断が、生まれてくる子どもの幸福、また養育にあたる自身の幸福のために必須の条件です。

誰が親か——親であること、親をすること

もう一つ重要な問題は、「親」の定義です。先端生殖医療はさまざまな精子、卵子、母胎の組み合わせによる子どもの誕生を可能にしました。その結果、さまざまな〝親〟を誕生させることになりました。借り腹の女性が最初は貸すだけと思っていたのが、妊娠・出産体験をした後、手放すことを拒否し「親」として育てたいと望むようになるケース、今のところ開示されていない精子提供者も「親」であることは間違いなく、子どもの知る権利を保障するには非開示の原則は壁になる、などなど、生殖医療は「親」であることを定義する必要を提起しています。

血縁尊重の日本でどう「親」を定義するか、民法にどう位置づけるかは、誕生した子どもへの偏見を防ぎ、親の権利と責任とを明確にする上で急務です。子どもをもつことを強く求め、その子の最大の幸福を願う気持ちをもつ、そしてその養育の責任をもつものこそ、血縁いかんを問わず「親」である、それ以外のものは親たる権利を主張できないのではないでしょうか？　自らの意志にかかわりなく誕生してくる子どもの健やかな成長・発達と幸福のために、この「親」こそ必要であり重要です。

そのことは、次にみる養子を育てている養親の心理と養護の様相からも明らかです。

養子を育てるという選択

不妊の夫婦の一つの選択に、養子を迎えることがあります。望んでいた自分たちの子どもをもてない事実に直面したとき、子どもを育て子どものいる家庭を経験したいと養子を育てることを決意した、最初は気が進まなかったり自信がもてなかったのが、子どもと暮らしをともにするなかで子どもを愛し育てることに喜びや意味を見いだしていった、血を残すために家族をつくるのではなく親と子とが育て合う関係こそ、得難いことだと実感したなどが、養親によってこもごも語られています。

これまで日本では、子どもがいないとき、家の継承や親の老後のために養子をとる、そのための成人養子が多く行われてきました。また幼少時の場合は、養子であることを誰にもわからないように(血縁であるようにみせるために)誕生直後入籍し、それを子どもにも知らせないことが通例でした。今もそうした方法は少なくありません。

このような家の跡継ぎと血縁重視とを特徴とする日本の養子の慣行は、子どもの福祉のための養子制度が早くから立法化されている欧米とは大きく異なっています。誰の眼にも血のつながりがないとわかる子どもを育て、幸福な親子関係に満足している欧米に対して、血のつながりのないことを子どもにも周囲にも隠しつづける日本、その結果、産みの親と暮らすことのできない未成年の子どもに家庭環境を与えるための養子縁組は、日本ではきわめて少ないのが現状です。

しかし、ようやく日本にも児童の権利条約にも明記されている子どもの「知る権利」を保障するよう、子どもに自分の出自を知らせることを条件とした養子縁組が行われるようになってきました。オープン・アダプション（養子縁組による入籍前あるいは後に、養親と産みの親との間に、本人についての情報と本人を含めた接触の共有を保持する）を推進している会（環の会）は、事前のカウンセリングで夫婦の子どもの養育責任を確かめ、かつ養子であることを子どもに告げる「真実告知」の承認を求めた上で、養子縁組の紹介を行ってきています。

養親に育つ子どもを慈しみ育てる心と力

このようなしかたで養親となった人々には、実子を育てている通常の親に比べて注目すべき点がいくつも見いだされています。まず「子どもから解放されたい」「育児は負担だ」「親であるために自分の行動が制限されている」といった、通常の親に強い育児不安の類の感情は有意に低いことです。それとは逆に、子どもを育てること自体に喜びを見いだし、親であることに満足し、子どもや子育てが自分にとって大切で有意味なことと肯定的に受け止めています。さらに、子どもは家の継承のためではなく、子どもといえども親とは別個な存在であると見、子どもの巣立ちを楽しみにしています（図53）。

今日、子どもは親の意志・決断にもとづいて「つくる」ものとなりました。その結果、子どもは「つくった」親のもちもの化・私物化され、親の子どもへの期待や教育的営為は往々にして親の自己愛の延長でありそのエゴイズムが反映されがちなのが昨今の状況です。そうした「つくる」時代に通常の親が陥りがちな態度が、この養親のなかにはみられないことに注目したいと思います。血のつながりのない子どもを愛情こめて育てる、その営みのなかで幼い命を守り育てる心と力――「親性」が、血縁の有無によらずまた私情を超えたものとして確実に育っています。生殖医療による子どもの誕生に伴って「親」の定義が問われている今、血のつながりの有無によらず子どもの成長に愛情と責任をもって育てることの重要性を示すものといえるでしょう。

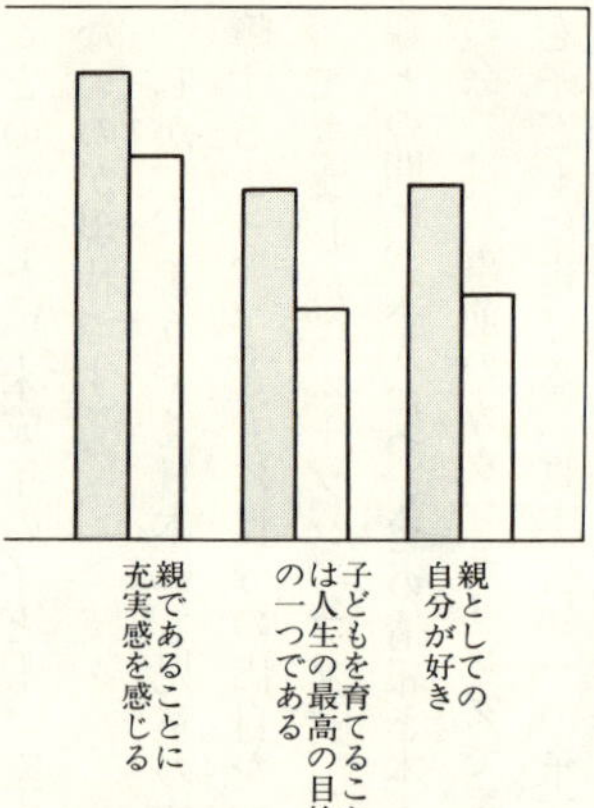
親としての自分が好き
子どもを育てることは人生の最高の目的の一つである
親であることに充実感を感じる

親になることへの感情

もう一つ、養親に顕著なことは、夫婦関係が実子の親に比してきわめてよいことです。夫も妻も相手への愛情が強く、相手の幸せを願いお互いの存在をかけがえのない貴重なものとみなしています。実子をもつ通常の夫と

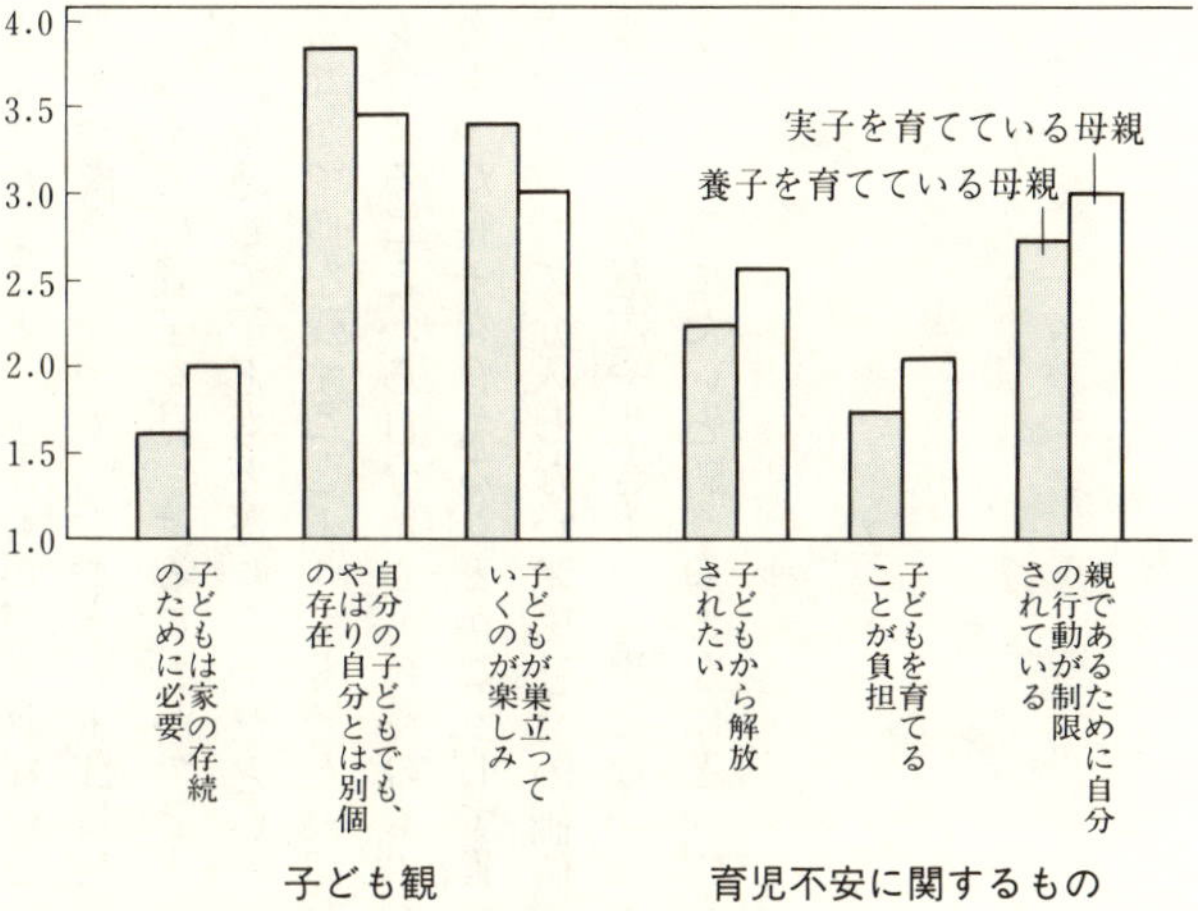

図53　養親の子どもへの感情と夫婦関係　（古澤、1997）

妻は、子どもの誕生以後、妻は母として子ども、他方夫は仕事と、夫婦は別個な世界に入り、それが次第に夫婦間の心理的な絆や結婚に対する満足を薄れさせてゆくのと対照的です。

養親たちは子どもが生まれないことを知ったことを契機に、夫婦関係や生き方について深刻で真剣な検討をしたにちがいありません。その結論として、養子を迎えることを夫婦の問題として決断し、夫婦が苦楽をともにして育てている人々です。夫婦が問題を共有し、養親となることについて一致した価値観に到達した、そのことが、夫婦の絆を強め愛情を確かなものとしたのでしょう。この点も、通常の夫婦では、とかく親となり親役割をとるのは女性＝母親のこととされがちなのとは大きく異なること。子どもが恵まれないという不幸が、普通の夫婦では得難い課題を共有する貴重な機会となっていることも注目したいことです。

日本では養子を見つけることができず仕事の関係で渡米し、そこで養子を紹介する非営利団体を通じて子どもと巡り会ったというケースがあります。そのカップルも、「養子を育てるなかで血を残すことよりももっと大切なものがわかった、子どもたちに幸せを与え子どもを育てることから自分たちも多くのものを得た」、と述懐しています。さらに、「最初は不安であった養子を育てることがこうして貴重な得難いこととして実感できたのは、個人の生き方を尊重して介入しない米国社会の価値観や宗教あってのこと」、と述べています。血縁重視、個人の意志や生き方を尊重しない日本社会は、愛情と養護を求める子どもにとっても、子どもを育てたいと願うおとなにとっても、大きな壁であることを痛感させられる言葉です。

あとがき

子どもが価値あることは誰しも疑わず、何ものにもまさる宝だと皆が考えています。また、親の子どもへの愛情は海よりも深く山よりも高く、子どもに〝できるだけのことをしてやる〟のは親の自然な愛情だと思っています。私ども心理学者も同じでした。子どもが価値あることはいうまでもないこととし、宝である子どもの健やかな成長・発達のために、親は何をなすべきか、望ましいしつけや子どもへの態度はどのようなものかを研究してきました。私もそうでした。

けれども、ある時、ハッと気付いたのです。子どもの価値は果たして自明か？　親の愛情は本当に自然で無私な尊いものなのか？　と。この疑問を抱えて発達心理学の世界から抜け出たところで出会ったのが、人口学、歴史人口学、社会人類学、家族社会史。そして一九七〇年代に行われていた〈子どもの価値〉国際比較研究でした。それらの勉強から、私の最近の発達研究は方向づけられました。そして、今、子どもの価値とは何か、親にとって子どもは一体どのような存在なのか、親の子どもへの愛情とはどのようなものかを、思い込みから解放して疑ってみるべきだ、そうすべき時にきていると確信するようになりました。それは、研究者にとっても一般の人々にとっても避けて通れない課題だと。

大方には奇異に思われる本書のタイトル「子どもという価値」は、そうした認識から来たものです。

最近、日本の社会を語る時、「少子・高齢化」がまるで枕言葉のように使われています。特に少子化は有史以来初の大事件、大問題であるかのように。それを耳にするたびに、私は子どもが少なくなったこと以上にもっと大問題があるのに——と思わずにはいられません。眼を向けるべきは子どもの数の減少ではなく、子どもの価値に生じている変化、親にとっての子どもの意味・価値の変化。それこそ有史以来の一大変化です。

今日、親にとって子どもは自然・当然のものではなく、選択の対象となりました。親が〈つくる〉ものとなった子ども、その子どもを選択する際、親たちが子どもに期待する価値は、かつての時代とは明らかに変化しています。今や、子どもはいうまでもなく価値ありとは考えられていません。子どもをもつことは、親が自分の人生をどう生きようとするか、何を生き甲斐とし幸福とするかと密接に関係します。子どもを産む・産まないという人口現象の出発は、親、とりわけ女性の生き甲斐や幸福という心の問題となりました。それこそ、少子化以上の、人口史上、画期的な出来事です。そしてある価値を期待して産んだ子どもに対する親の愛情やしつけ、教育的営為は、かつての時代とは確実に変化しました。それは、さらに子どもの育ちをも変化させつつあります。

人口問題は、これまで心理学の問題とされたことはありませんでした。しかし、前述のように子どもを産む・産まないという親、とりわけ女性の心のありようが人口現象を左右することになり、人口問題はまさしく心の問題、心理学の研究課題となりました。そこで人口歴史学のひそみにならって人口心理学を提唱したい。ここでは、子どもの価値、子どもを産むことに絞って書きましたが、人口心理学の裾野はさらに広く、本書でもその一端にふれた結婚、離婚、死など家族に関わる問題を広く含む問題領域です。今後の研究の発展が期待されるところです。

こうした人口学は、今、私にとっては身近な関心事になりました。しかし、思い返せば、実は人口学に類する研究は随分早くから私の周辺にあり、その成果の一端に接していたことに改めて気付かされています。遠い学部時代、米の生産高から人口を推定する研究を話されていた日本史の教授のこと。一〇年ほど前、ミシガン大学に滞在中、同大学の人口研究部門で精力的に博士論文作成中だった若い大学院生のしごと。発達心理学に家族の基礎的研究は不可欠と考え、東京大学出版会の「人間の発達」シリーズの一冊に、当時人口問題研究所長であられた岡崎陽一氏にご執筆をぜひとお願いしたこと。中国の人口問題研究で一人っ子発達研究との接点を見せてくれた同窓の社会学者若林敬子さん。こうした方々は、人口の問題をようやく正面から考えるようになった今日の私にとって、伏線のように意味ある刺激であったと思い、不思議な縁を感じています。

最後に、本書の完成にあたって次の方々に、改めて感謝申し上げたい。まず本書の意図・内容を理解され、新書に執筆の機会をくださった中央公論新社の佐々木久夫氏に厚く御礼申し上げます。また編集部の高橋真理子さんには、最初から最後まで原稿・図表を細かく見て適切な意見のかずかずをいただき、それによって修正され読みやすいものになったことを大変有り難く思っています。最後に、白百合女子大学発達心理学研究室助手田矢幸江さんには、大量の図表の作成と原稿の詳細な検討・修正を丹念にしていただき、本書の誕生に力を貸してくださいました。その労に深く感謝いたします。

二〇〇一年四月末日

柏木　恵子

係―お金と愛情にみる家族のゆくえ―　有斐閣
目黒依子　1987　個人化する家族　勁草書房
目黒依子・渡辺秀樹編　1999　講座社会学 2　家族　東京大学出版会
目黒依子・矢沢澄子編　2000　少子化時代のジェンダーと母親意識　新曜社
盛山和夫編　2000　ジェンダー・市場・家族　日本の階層システム 4　東京大学出版会
山田昌弘　1994　近代家族のゆくえ―家族と愛情のパラドックス―　新曜社
山田昌弘　1999　パラサイト・シングルの時代　筑摩書房
山本真理子編著　1997　現代の若い母親たち―夫・子ども・生活・仕事―　新曜社

新村拓　1996　出産と生殖観の歴史　法政大学出版局
鈴木敦子　1997　レクシャー「社会心理学」3　性役割―比較文化の視点から　垣内出版
世界人口白書　1998　新しい世代　世界の動き社
世界人口白書　1999　選択の時　世界の動き社
世界人口白書　2000　男女共生と見えない格差　世界の動き社
関根清三編　1999　死生観と生命倫理　東京大学出版会
匠雅音　1997　核家族から単家族へ　丸善新書
柘植あづみ　1999　文化としての生殖技術―不妊医療にたずさわる医師の語り―　松籟社
土堤内昭雄　2000　シングルファーザー　非売品
二宮正之　2000　私の中のシャルトル　ちくま学芸文庫
長谷川寿一・長谷川真理子　2000　進化と人間行動　東京大学出版会
働く母の会（編）　1994　私たちはこうして大きくなった　ユック社
バッハ，アンナ・マグダレーナ　山下肇訳　1985　バッハの思い出　講談社学術文庫
速水融　1997　歴史人口学の世界　岩波セミナーブックス　岩波書店
原ひろ子編　1986　家族の文化誌―さまざまなカタチと変化―　弘文堂
伏見憲明　2000　性の倫理学　朝日新聞社
舩橋惠子　1994　赤ちゃんを産むということ―社会学からのこころみ―　NHKブックス
ベック・ゲルンスハイム，E　香川檀訳　1992　出生率はなぜ下がったか―ドイツの場合―　勁草書房
毎日新聞社人口問題調査会編　2000　日本の人口―戦後50年の軌跡―　毎日新聞社全国家族計画世論調査第1回～第25回調査結果
丸本百合子・山本勝美　1997　産む／産まないを悩むとき―母体保護法時代のいのち・からだ―　岩波書店
宮本みち子・岩上真珠・山田昌弘　1997　未婚化社会の親子関

波書店
柏木惠子 1995 発達心理学とフェミニズム ミネルヴァ書房
柏木惠子・森下久美子 1997 子育て広場 0123吉祥寺—地域子育て支援への挑戦— ミネルヴァ書房
柏木惠子編 1998 結婚・家族の心理学—家族の発達・個人の発達— ミネルヴァ書房 pp.1 - 50.
鬼頭宏 2000 人口から読む日本の歴史 講談社学術文庫(1983 日本2千年の人口史 PHP 研究所)
グループRIM編 1993 産みます産みません シリーズ女の決断 NTT出版
厚生省人口問題研究所 1993 第10回出生動向基本調査 第1報告書 日本人の結婚と出産
厚生省人口問題研究所 1994 第10回出生動向基本調査 第2報告書 独身青年層の結婚観と子供観
河野貴代美編 1998 家族の シリーズ「女性と心理」第1巻 新水社
河野美香 2000 十七歳の性 講談社＋α 新書
国立社会保障・人口問題研究所 1998 第11回出生動向基本調査 第1報告書 日本人の結婚と出産
国立社会保障・人口問題研究所 1999 第11回出生動向基本調査 第2報告書 独身青年層の結婚観と子供観
古澤頼雄・富田庸子・鈴木乙史・横田和子・星野寛美 1997 養子・養親・生みの親関係に関する基礎的研究—開放的養子縁組(Open Adoption)によって子どもを迎えた父母— 安田生命社会事業団研究助成論文集 33 pp.134～143.
斎藤茂男編 1996 子どもの世間 小学館
佐伯胖ほか編 1998 いま教育を問う 岩波講座：現代の教育 第1巻 —危機と変革— 岩波書店
坂井博通 1998 少子化への道—子ども統計ウオッチング— 学文社
沢山美果子 1998 出産と身体の近世 勁草書房

文献

青木やよひ・丸本百合子　1991　私らしさで産む、産まない　農山漁村文化協会
東洋・柏木恵子・R. D. ヘス　1981　母親の行動・態度と子どもの知的発達―日米比較研究　東京大学出版会
東洋・柏木惠子編　1999　流動する社会と家族・社会と家族の心理学　ミネルヴァ書房
阿藤誠編　1996　先進諸国の人口問題―少子化と家族政策―　東京大学出版会
阿藤誠　2000　現代人口学―少子高齢社会の基礎知識―　日本評論社
天野正子・桜井厚　1992　「モノと女」の戦後史―身体性・家庭性・社会性を軸に―　有信堂高文社
アリエス、P.　杉山光信訳　1980　〈子供〉の誕生　みすず書房
アリエス、P.　成瀬駒男・伊藤晃訳　1999　歴史家の歩み　法政大学出版局
井上輝子・江原由美子編　1999　女性のデータブック　性・からだから政治参加まで　有斐閣
江原由美子編　1996　生殖技術とジェンダー　勁草書房
岡崎陽一　1999　日本人口論　古今書院
岡本祐子　1999　女性の生涯発達とアイデンティティ―個としての発達・かかわりの中での成熟―　北大路書房
小原嘉明　1998　父親の進化―仕組んだ女と仕組まれた男―　講談社
鹿嶋敬　2000　男女摩擦　岩波書店
柏木惠子編著　1993　父親の発達心理学―父性の現在とその周辺―　川島書店
柏木惠子　1995　親の発達心理学―今、よい親とは何か―　岩

柏木惠子（かしわぎ・けいこ）

1932年（昭和7年），千葉県に生まれる．
東京女子大学文学部卒業．東京大学大学院
教育心理学博士課程修了．教育学博士．現
在，文京学院大学教授．東京女子大学名誉
教授．専攻：発達心理学．
著書『社会と家族の心理学』（共編著）
『エッセンシャル心理学』（共著）
『結婚・家族の心理学』（編著，以上ミネルヴァ書房）
『文化心理学』（東京大学出版会）
『親の発達心理学』（岩波書店）
『家族心理学』（東京大学出版会）他多数

子《こ》どもという価値《かち》
中公新書 1588

2001年5月25日初版
2003年8月20日再版

著　者　柏木惠子
発行者　中村　仁

本文印刷　三晃印刷
カバー印刷　大熊整美堂
製　　本　小泉製本

発行所　中央公論新社
〒104-8320
東京都中央区京橋 2-8-7
電話　販売部 03-3563-1431
　　　編集部 03-3563-3668
振替　00120-5-104508
URL http://www.chuko.co.jp/

ISBN4-12-101588-6 C1236

中公新書刊行のことば

一九六二年一一月

いまからちょうど五世紀まえ、グーテンベルクが近代印刷術を発明したとき、書物の大量生産は潜在的可能性を獲得し、いまからちょうど一世紀まえ、世界のおもな文明国で義務教育制度が採用されたとき、書物の大量需要の潜在性が形成された。この二つの潜在性がはげしく現実化したのが現代である。

いまや、書物によって視野を拡大し、変りゆく世界に豊かに対応しようとする強い要求を私たちは抑えることができない。この要求にこたえる義務を、今日の書物は背負っている。だが、その義務は、たんに専門的知識の通俗化をはかることによって果たされるものでもなく、通俗的好奇心にうったえて、いたずらに発行部数の巨大さを誇ることによって果たされるものでもない。現代を真摯に生きようとする読者に、真に知るに価いする知識だけを選びだして提供すること、これが中公新書の最大の目標である。

私たちは、知識として錯覚しているものによってしばしば動かされ、裏切られる。私たちは、作為によってあたえられた知識のうえに生きることがあまりに多く、ゆるぎない事実を通して思索することがあまりにすくない。中公新書が、その一貫した特色として自らに課すものは、この事実のみの持つ無条件の説得力を発揮させることである。現代にあらたな意味を投げかけるべく待機している過去の歴史的事実もまた、中公新書によって数多く発掘されるであろう。

中公新書は、現代を自らの眼で見つめようとする、逞しい知的な読者の活力となることを欲している。

哲学・思想・心理 III

政治・法律 I

中公新書

言語・文学 II

現代の民話	松谷みよ子
日本の名作	小田切　進
日本文学史—近代から現代へ	奥野健男
快楽の本棚	津島佑子
萬葉百歌	山本健吉 池田彌三郎
百人一句	高橋睦郎
詩歌の森へ	芳賀　徹
辞世のことば	中西　進
大鏡の人びと	渡辺　実
芭蕉の俳諧（上下）	暉峻康隆
江戸文化評判記	中野三敏
遊女の文化史	佐伯順子
詩　経	白川　静
『西遊記』の神話学	入谷仙介
金瓶梅（きんぺいばい）	日下　翠

夏目漱石を江戸から読む　小谷野　敦

社会・教育 I

整理学 加藤秀俊
人間関係 加藤秀俊
自己表現 加藤秀俊
取材学 加藤秀俊
人生にとって組織とはなにか 加藤秀俊
暮らしの世相史 加藤秀俊
発想法 川喜田二郎
続・発想法 川喜田二郎
野外科学の方法 川喜田二郎
会議の技法 吉田新一郎
発想の論理 中山正和
プロジェクト発想法 金安岩男
「超」整理法 野口悠紀雄
続「超」整理法・時間編 野口悠紀雄
「超」整理法3 野口悠紀雄
「超」文章法 野口悠紀雄
文科系のパソコン技術 中尾浩
ネットワーク社会の深層構造 江下雅之
コミュニケーション技術 篠田義明
化粧品のブランド史 水尾順一
新聞報道と顔写真 小林弘忠
ニューヨーク・タイムズ物語 三輪裕範
水と緑と土 富山和子
日本の米—環境と文化はかく作られた 富山和子
生殖革命と人権 金城清子
遺伝子の技術、遺伝子の思想 広井良典
人口減少社会の設計 松谷明彦 藤正巖
痴呆性高齢者ケア 小宮英美
インフォームド・コンセント 水野肇
医療・保険・福祉改革のヒント 水野肇
クスリ社会を生きる 水野肇
お医者さん なだいなだ
教育問答 なだいなだ
福祉国家の闘い 武田龍夫
旅行ノススメ 白幡洋三郎
フランスの異邦人 林瑞枝
ギャンブルフィーヴァー 谷岡一郎
OLたちの〈レジスタンス〉 小笠原祐子
ネズミに襲われる都市 矢部辰男